Good side dishes

arikoの副菜の鬼

はじめに

我が家の食卓を見た人から「おかずの品数が多いけど、これって何人分？」とよく言われる。

思えば、実家の母もそうであった。主菜とごはんとお汁だけということはなく、食事どきにはメインになるおかずと一緒に必ず何品もの副菜が食卓に並んでいた。

こってりとした甘辛味にはさっぱりとした酢のものを、優しい味わいのシチューにはパリッと歯触りのいいサラダを、というように。

メインを決めたら食感や味のバランスを考慮しながら副菜を考えて献立をイメージしていく習慣は、その頃から培われてきたように思う。

メインのおかずをよりおいしく食べられる副菜の役割は、主役の役者さんを引き立ててきらりと光る渋いわき役の個性派俳優のイメージといったところだろうか。心地よいかみごたえのある食感や、ぴりっと引き締まった小気味のいい味わい。メインのおかずの合間についつい箸が伸びて、舌がリフレッシュされたあとはメインがさらにおいしく食べられる。

だからどんなに時間がなくても、副菜は欠かせない。買ってきたお惣菜を合わせるだけでもいい。

大好きな漫画の中のエピソードに、疲れて遅く帰ってきた主人公が「今日は鶏の水炊き一品でいいや」と言いつつ、それでもれんこんのきんぴらを作るというシーンがある。なべのあとのとろとろの雑炊の合間に、甘辛味でシャキシャキのれんこんをつまんだパートナーが主人公に向かって言った「副菜の鬼」という言葉にいたく共感してしまった。

そう、それなんだと。

主菜をよりおいしく食べるためだったらどんなに疲れていたってがんばってしまう。

ちゃちゃっと作っておいしく食べられる副菜のレパートリーが多ければ多いほど、食事が楽しく充実したものになる。

そんな幸せな食事風景と〝鬼〟という言葉のコントラストが面白くて、この本のタイトルにさせてもらった。みなさんの食卓のお役に少しでも立てたら、鬼としてはこれ以上嬉しいことはない。

ariko

CONTENTS

Green pepper salad

Part 1 メインをおいしく食べるための副菜

Seafood

Dauphinois

Macaroni salad

Part 2 自由な味の組み合わせで楽しむ 副菜

Potato salad

Part 3 家にあるもので作れる 副菜

Creamed turnip

Cucumber salad

Frittata

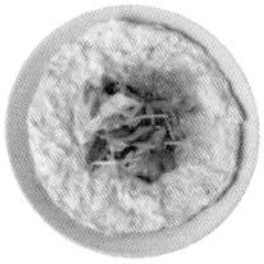

Natto with tomato

レシピの見方

- 小さじ1は5㎖、大さじ1は15㎖です。
- 火かげんは特に指定のないかぎり中火です。
- 野菜類は表記のない場合「洗う」「皮をむく」「ヘタを取る」などの作業をすませています。
- フライパンはフッ素樹脂加工のものを使っています。

保存について

保存に向くものはレシピページに保存期間を表記しています。保存期間は季節や状態によって変わるため、目安としてください。また、保存する際は清潔な容器や保存瓶などに入れて冷蔵してください。

みりん

みりん風ではなく、必ず本みりんをセレクト。写真のキッコーマンのほか、養命酒酒造のものも気に入っている。

しょうゆ・だししょうゆ

煮ものをはじめ、和食はしょうゆをたくさん使う料理が多いので、基本的にはキッコーマンやヤマサ醤油など手頃なものを使っている。だししょうゆは鎌田醤油のものを愛用。だしの風味がしっかりと効いているので、野菜にさっとかけるだけでもおいしい。

My favorite seasoning

いつもの味をつくるもの

塩は精製されていない天然塩かうまみたっぷりの「ろく助塩」(p.122)を、砂糖はクセのないてんさい糖とコクのあるきび砂糖を使い分けている。長い料理生活の中で身についたそんなこだわりの数々が、わたしの味の礎となっている。

白ワインビネガー

酸味がピリッと効いていてオリーブオイルとなじみがいいので、マリネに活躍。しょうゆと合わせて和洋折衷のドレッシングにも。

油類

香りが重要なごま油は、かどやを。万能に活躍する太白ごま油と、食事作りにもおかし作りにも使える米油も常備。オリーブオイルはエクストラバージン。サラダなどに加熱せず使う場合は、少しいいものを使うことも。揚げものはキャノーラ油ですることが多い。

ポン酢

ストックを欠かさないほど気に入っている、馬路村の「ぽん酢しょうゆ ゆずの村」。ちょっと甘めでバランスがいいので、幅広く活躍。

しょうがとにんにくは必ず生のものを使うと決めている。

料理のこだわりのひとつが、しょうがとにんにくのチューブを使わないこと。おろしたては香りがまったく違うので、そのひと手間で料理の味にぐんと差がつく。

食事時間を〝口福〟にするためには、副菜の役割が最重要

arikoの副菜考

Good side dishes

1

主菜をおいしく食べるための味つけにする。

ごはんがすすむ甘辛味のおかずでも、それ一品だけではさすがに飽きてしまう。シャキシャキとしたせん切りキャベツとまろやかなマヨネーズ味のポテサラやマカロニサラダがあれば、甘辛さが引き立ち、新鮮な

気持ちで主菜が食べられる。さらに酸味のある甘酢マリネや甘みのない漬けものの炒めものを添えればおつまみにもなるし、箸休めにもなる。

わたしにとって副菜とはあくまでも主菜をおいしく食べるためのもの。お互いの味を補うさまざまな味があるからこそ、一食の満足度が変わってくると思う。

Good side dishes

2

主菜でまかないきれなかった栄養と量や色合いを補うもので考える。

我が家はわたし以外が男子だからか、気がつくとついついガッツリ系の茶色めしになってしまうことが多い。とはいえ、日々の食卓を預かるものとしては栄養のバランスや食欲をそそる見た目にもこだわりたい。主菜がたんぱく質なら副菜はビタミンやミネラルをたっぷりとれるように心がけている。必ず用意するのが色鮮やかな野菜料理。舌をリフレッシュできる酸っぱいものや心地よい食感のものが欠かせない。

Good side dishes

3

新しい味にトライする時は副菜で。

Good side dishes

4

加熱なしで食べられる野菜を活用する。

もう一品何かほしいというときに便利なのが、加熱なしで食べられる野菜。例えばピーマンなら、生のまま刻んで、塩こぶにオイルを少々。シャキシャキとした歯触りとちょっと青臭い感じがサラダとはまたひと味違うオツな味わいに。白菜やキャベツ、きゅうり、トマト、大根、かぶ、玉ねぎなど、食べやすく切って、おかか、しらす、明太子などうまみを補うものとオイルや酢、ときにはポン酢やマヨネーズなど、組み合わせは自由自在。そのときの気分でアドリブ的に楽しんでいる。

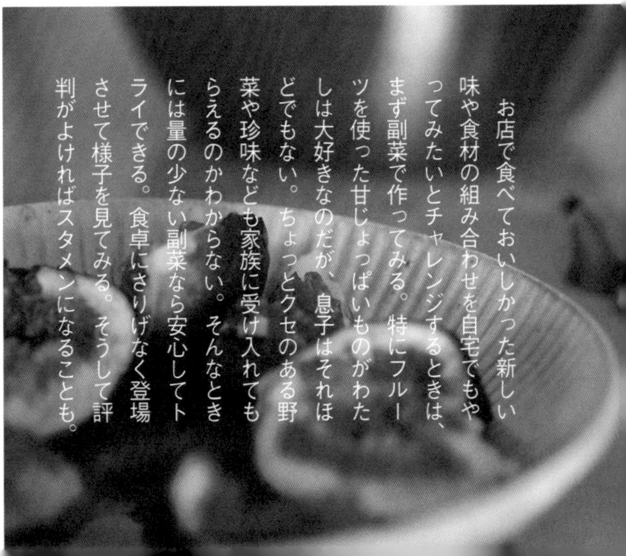

お店で食べておいしかった新しい味や食材の組み合わせを自宅でもやってみたいとチャレンジするときは、まず副菜で作ってみる。特にフルーツを使った甘じょっぱいものがわたしは大好きなのだが、息子はそれほどでもない。ちょっとクセのある野菜や珍味なども家族に受け入れてもらえるのかわからない。そんなときには量の少ない副菜なら安心してトライできる。食卓にさりげなく登場させて様子を見てみる。そうして評判がよければスタメンになることも。

Good side dishes

5

日もちするものは作りおく。

わざわざ常備菜を作るということはないのだが、煮ものやポテトサラダやマカロニサラダなど、たくさん作ったほうがおいしいものや日もちのするきんぴらやマリネなどを作るときは、どうせ同じ手間ならと、ちょっと多めに作るようにしている。2、3日で食べきれるくらいの量を目安に、密閉容器に詰めて冷蔵庫に入れておけば、もう一品ほしいというときにさっと出せて重宝する。とはいえその日のうちに食べきってしまうこともたびたびなのだが（笑）。

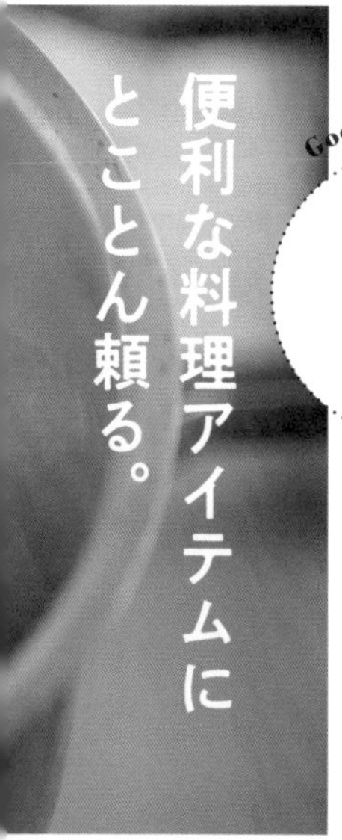

Good side dishes

6

便利な料理アイテムにとことん頼る。

Good side dishes

7

買ってきたっていい。

今夜は焼き魚だから、白あえがあるといいなと思っても、豆腐を水きりする時間はないし、それほど量はいらない。そんな日は市販のお惣菜に頼ってしまう。手間のかかるプロセスをお店にかわってもらった味のベースになる半製品だと考えれば、季節のフルーツを組み合わせることで自分流の味にカスタマイズできる。ほかにもポテトサラダやひじきなども。そこにひと工夫すれば簡単&楽ちんにわたしらしい献立ができ上がる。

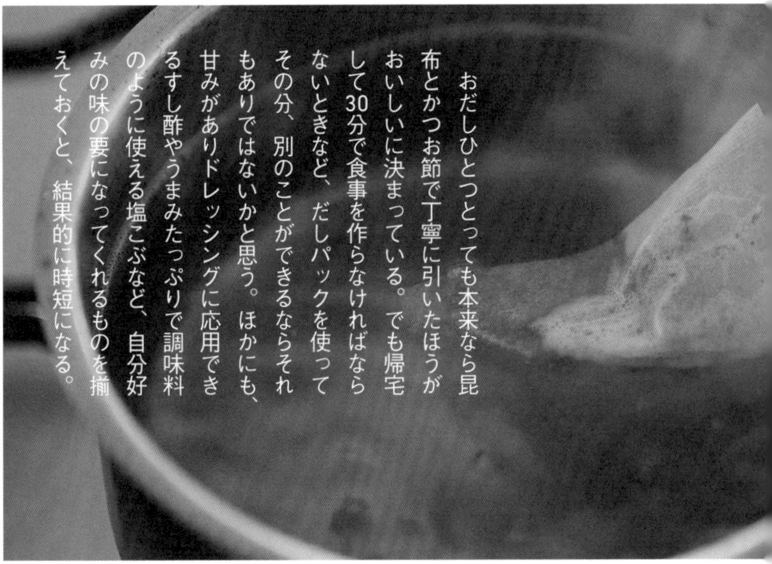

おだしひとつとっても本来なら昆布とかつお節で丁寧に引いたほうがおいしいに決まっている。でも帰宅して30分で食事を作らなければならないときなど、だしパックを使ってその分、別のことができるならそれもありではないかと思う。ほかにも、甘みがありドレッシングに応用できるすし酢やうまみたっぷりで調味料のように使える塩こぶなど、自分好みの味の要になってくれるものを揃えておくと、結果的に時短になる。

Good side dishes

Part 1

メインをおいしく食べるための副菜

日本料理には「一汁三菜」という言葉がある。ごはんに汁もの、主菜と副菜2種のおかずの組み合わせは体に必要な栄養をバランスよくとることができる献立の基本の考え方だ。

その言葉を聞くたびに昔の人はうまいこと言うなあと感心してしまう。こってりとした主菜に添えるさっぱりとした副菜は、栄養面だけでなく、おいしく食べるために欠かせない存在だと思う。口の中をさっぱりとさせる酸味やパリパリとした心地よい食感など、単調にならない工夫を心がけている。

肉メインの日

PORK GINGER

豚のしょうが焼き

名わき役のマヨネーズ味が
あるからこそ、
甘辛味の主菜がきわ立つ。

濃い味つけの肉料理に欠かせないのが、まろやかなマヨネーズ味の副菜。そこにさっぱり食べられるサラダや漬けものを足せば、味と食感のバランスも完璧に。豆腐やきのこなどでさっと作ったみそ汁もつければ、ボリュームたっぷりでちょっと贅沢な定食屋風の献立になる。マカロニサラダと野沢菜しらす炒めは前もって作っておいて冷蔵庫へ。トマトとたこの甘酢サラダは味をなじませたほうがおいしいので、先に仕上げて冷蔵庫に入れておく。そのあとでキャベツを刻み、しょうが焼きを作れば定食の完成だ。

MENU

豚のしょうが焼き → p.22

マカロニサラダ → p.18

野沢菜しらす炒め → p.20

トマトとたこの甘酢サラダ → p.21

マカロニサラダ

保存期間
約2日

ほのかな甘みと野菜の食感が効いた、昔ながらのおいしさ。
しょうが焼きやから揚げなど、家庭的な肉料理と好相性。

材料 3〜4人分

マカロニ（サラダ用）…1袋（100g）
きゅうり…1/2本
にんじん…1/3本
玉ねぎのみじん切り…1/4個分
A マヨネーズ…1/2カップ
すし酢…大さじ2
牛乳…大さじ1〜2
こしょう…少々

作り方

1 きゅうりは薄い輪切りにする。にんじんは細切りにする。玉ねぎは水にさらしてから水けをよくきる。

2 マカロニは袋の表示時間どおりにゆでる。ゆで上がる1分前ににんじんを加えてマカロニと一緒にざるに上げる。さっと水に通して水けをきり、あら熱を取る。

3 ボウルに**A**を入れて混ぜる。**1**のきゅうりと玉ねぎ、**2**を加えて、全体をよく混ぜる。

常備しているのはサラダ用の早ゆでタイプのマカロニ。時間がないときの副菜作りの強い味方。

MEMO

すし酢はもともと砂糖が入っているので、サラダなどにほどよい甘みを加えたいときにも活躍。すしめし以外にも使いどころが多く、あると意外と便利な調味料。

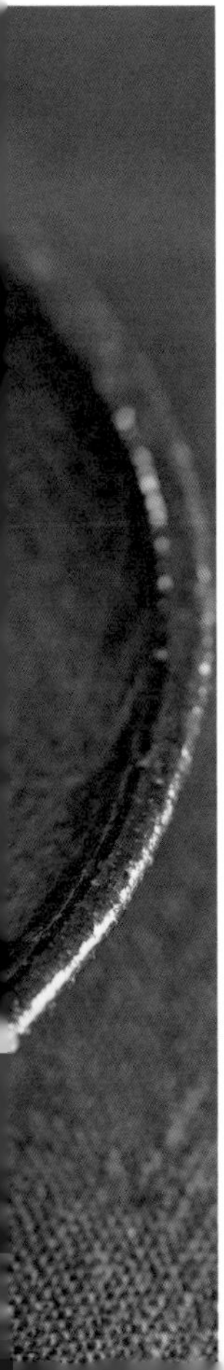

野沢菜しらす炒め

保存期間
約3日

**ぱぱっと炒めてあっという間にできる、即席のごはんのお供。
酸っぱくないので子どもも食べやすく、お弁当にもぴったり。**

材料 作りやすい分量

野沢菜漬け…2株
しらす干し…40g
酒…大さじ1
薄口しょうゆ…小さじ2
いり白ごま…適量
太白ごま油…大さじ1

作り方

1. 野沢菜は小口切りにして、水けをしっかりしぼる。
2. フライパンにごま油を入れて強火にかけ、野沢菜を炒める。全体に油が回ったらしらすを加えてさらに炒める。
3. 酒、薄口しょうゆを加えて、水分がなくなるまで炒めたら火を止め、白ごまを振る。

保存期間 約2日

トマトとたこの甘酢サラダ

肉料理のサイドディッシュとして、さっぱりした魚介を加えたいときにぜひ。食前に少し冷蔵庫でねかせ、味をなじませるとよりおいしい！

材料　4人分

ゆでだこの足…2本
トマト…2個
玉ねぎ…1/4個
セロリ…1/3本
パセリ…適量

A
すし酢…大さじ4
しょうゆ…大さじ2
塩…小さじ1/2
こしょう…少々
太白ごま油（または米油）…大さじ4

作り方

1 ゆでだこは2cm角に切り、トマトも同様に切る。玉ねぎ、セロリ、パセリはそれぞれ細かめのみじん切りにして水にさらし、水けをよくしぼる。

2 ボウルにAと玉ねぎ、セロリを入れて、よく混ぜる。

3 別のボウルにトマトとゆでだこを入れて、2を加え混ぜる。器に盛り、パセリを振る。

MEMO

しっかり甘さをきかせるのがおいしさのポイント。すし酢によって甘さが違うので、甘みが足りない場合は砂糖小さじ1ほどを加えて調整を。

Main
Dish

豚のしょうが焼き

**つけ込まないので時短＆簡単で
失敗知らずの自慢のレシピ。
東京にある人気定食店「菱田屋」をイメージして、
厚みのある豚肉を使って、ちょっと贅沢に。**

a

おすすめは豚肉と玉ねぎを並べてから火をつけるコールドスタートの作り方。油はねもなく、料理初心者でも安心。

MEMO

玉ねぎごと肉を返したら、ふたをして蒸し焼きに。こうすることで豚肉はやわらかく、玉ねぎはしっとりと火が通る。

材料 2人分

豚ロース薄切り肉（しょうが焼き用）
　…300〜400g
玉ねぎ…1/2個
キャベツのせん切り…適量
A しょうがのすりおろし…1かけ分
　にんにくのすりおろし…1/2かけ分
　しょうゆ…大さじ3
　酒…大さじ1
　みりん…大さじ1
　砂糖…大さじ1
サラダ油…大さじ1

作り方

1. 玉ねぎは繊維にそって薄切りにする。**A**の材料を混ぜる。
2. フライパンにサラダ油を引き、豚肉を並べて玉ねぎをのせ、強火にかける（a）。
3. 豚肉に焼き色がついたら玉ねぎごと上下を返して強めの中火にし、ふたをして1分ほど焼く。玉ねぎがしんなりとしたら、**A**を加えてよくからめる。
4. 器にキャベツをたっぷりと盛り、しょうが焼きを盛りつける。マカロニサラダ（p.18）も一緒に添えて。

カレーの日

CURRY

牛すねカレー

さっぱり味の2種のマリネは漬けものがわりに必ず準備。フルーツサラダで華やかに。

カレーの日に欠かせないのが、福神漬けがわりにもなる酸味の効いたマリネ。きのこともやしで食感がまったく違うので、マリネがふたつ並んでも似た印象になる心配はなし。ピクルス感覚で食べるマリネは、カレーのプレートに一緒に盛りつけるのもおすすめだ。あればゆで卵を添えることも。サラダはパイナップルが主役。パクチーをポイントに、味わいも彩りも鮮やかに仕上げて。きのこは作りおきができるので前日に、カレーを煮ている間にもやし、パイナップルの順で作れば手ぎわよく完成するはず。

MENU

いろいろきのこのマリネ

保存期間
約7日

たっぷり作るほうがおいしいので、いちばん大きいフライパンに山盛り分を。
ゆで上げパスタにあえたりソーセージに添えたり、あると便利な常備菜。

材料 作りやすい分量

しめじ…2パック
エリンギ…2パック
マッシュルーム…20個
生しいたけ…12個
紫玉ねぎのみじん切り…1/2個分
にんにく…1かけ
パセリのみじん切り…適量
A 白ワインビネガー…大さじ1
　しょうゆ…小さじ2
　レモン汁…1/2個分
　コンソメ（顆粒タイプ）…小さじ1/2
　塩…小さじ1/2
　あらびき黒こしょう…少々
オリーブオイル…大さじ4

きのこはまいたけ、えのき以外を好みで。マッシュルームは、ブラウンも混ぜて使うことが多い。

MEMO

時間がたつと酸味が抜けるので、翌日以降に食べる場合は、酢を足して。半分に切ったミニトマトを混ぜてサラダ風にしても。

作り方

1 しめじは石づきを落としてほぐす。エリンギ、マッシュルーム、しいたけは石づきを落として1cm厚さに切る。にんにくは包丁の腹でつぶす。

2 フライパンにオリーブオイルとにんにくを入れて火にかけ、香りが立ったら、塩少々（分量外）ときのこの約半量を入れ、強火で炒める。きのこがしんなりしてかさが減ったら、残りのきのこをひとつかみ分ずつ加えて炒める。全量がフライパンに入りきるまで、これをくり返す。

3 全体がしんなりしたら**A**を加えてさらに炒め、全体に味が回ったら火を止める。あら熱が取れたら紫玉ねぎを加え、さっと混ぜる（a）。冷めたら器に盛り、パセリを振る。

紫玉ねぎは、シャキシャキとした食感を生かしたいので、あら熱が取れてから加えて。

パイナップルとパクチーのサラダ

**甘酸っぱくてみずみずしいパイナップルは、カレーとの相性が抜群。
ナンプラーとピーナッツが効いたおしゃれサラダは、おもてなしにも活躍！**

材料 2人分

パイナップル(小)…1/2個
パクチー…1束
ピーナッツ…大さじ2
A 紫玉ねぎのみじん切り…1/4個分
しょうがのすりおろし…1かけ分
ナンプラー…大さじ1と1/2
砂糖…大さじ1と1/2
レモン汁…1/2個分
米油…大さじ2
こしょう…少々

作り方

1. パイナップルは縦1/3のくし形に切ってから、皮をむいてひと口大に切る。パクチーは茎と葉に分けて、葉をざく切りにして、茎を5mm幅に刻む。ピーナッツはあらく刻む。
2. ボウルに**A**を入れて混ぜ合わせ、パイナップル、パクチーの茎を加えてあえる。
3. 器に盛り、パクチーの葉、ピーナッツを散らす。

保存期間 約3日

もやしのマリネ

**これがないとカレーが食べられない、と言えるほどに欠かせない一品。
福神漬けもらっきょうもかなわないシャキシャキ感と、酸味の絶妙バランス。**

材料 2人分

もやし…1袋
A しょうがのみじん切り…1かけ分
白ワインビネガー…大さじ1と1/2
塩、こしょう…各適量
オリーブオイル…大さじ2

作り方

1 もやしはひげ根を取り、水にひたしてシャキッとさせる。

2 なべに水を入れて火にかけ、沸騰したらもやしを入れる。再び沸騰したらざるに上げて湯をきる。

3 熱いうちにボウルに入れ、**A**を加えてさっと混ぜる。5分ほどおいて出てきた水けをよくきったら、オリーブオイルを回しかける。味が足りない場合は、白ワインビネガー、塩、こしょうで調整を。

Main Dish

牛すねカレー

圧力なべで煮た牛すねを最後に加えるので
煮くずれせず、ごちそう感たっぷりの仕上がりに。
温かいごはんにたっぷりかけてどうぞ。

赤身よりも値頃感のある牛すね肉は、多めに使う。お肉たっぷりの贅沢仕上げにできるのも、おうちカレーならではの醍醐味！（左）。ルウは余計な油脂が入っていないフレークタイプを使用。コスモ食品のものを愛用（右）。

材料　4人分

牛すね肉…600g
玉ねぎ…3個
にんじん…2本
にんにくのすりおろし…1かけ分
しょうがのすりおろし…1かけ分
カレールウ（フレークタイプ）…1袋（170g）
りんごジャム（またはあんずジャム）…大さじ2
ウスターソース…大さじ2
塩、こしょう…各適量
ラード…大さじ2

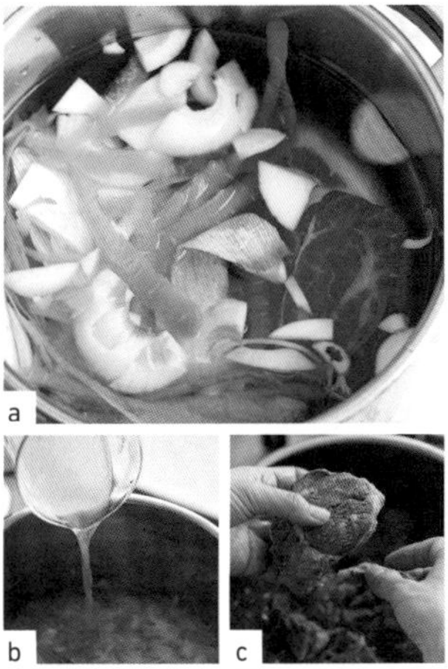

a.肉だけだと臭みが出るので、くず野菜も一緒に。そうすることで、スープもおいしくなる。b.スープをカレーに使えば、より深い味わいに。c.牛肉はごろごろと大きめに仕上げたいので、手で軽く裂いて。ルウを入れる前に加えるとほろほろに煮くずれてしまうので必ず最後に加えて。

作り方

1　にんじんはよく洗って皮をむき、乱切りにする。玉ねぎは皮をむいて上下を切り落とし、縦半分に切って薄切りにする。にんじんの皮と玉ねぎの切り落とした部分はとっておく。

2　圧力なべにすね肉、にんじんの皮、玉ねぎの切り落とした部分、水1.5ℓを入れて（a）ふたをする。ロックをして火にかけ、圧力のサインが上がったら20分加圧して火を止め、圧力が下がるまで自然放置する。ロックをはずしてふたを開け、すね肉はバットに取り、スープはざるでこして、3カップ分を取っておく。

3　別のなべにラードを入れて火にかけ、とけたら**1**の玉ねぎを強火で炒める。出てくる水分がとんだら弱火にして、あめ色になるまでさらにじっくり炒める。にんにく、しょうがを加えて炒め合わせ、**2**のスープを加える（b）。煮立ったら**1**のにんじんを加え、やわらかくなったらいったん火を止める。

4　カレールウを加えてとかし、ジャム、ウスターソースも加えて再び火にかけ、10分ほど混ぜながら煮る。塩、こしょうで調味し、**2**のすね肉を手で大ぶりに裂いて加え（c）、さっと混ぜて火を止める。

MEMO

工程**2**で圧力なべを使わない場合は、厚手のなべを使い、アクを取りながら弱火で1時間半ほど煮る。水分が減ってきたらその都度、かぶるくらいに水を足して。

家中華の日

PAN-FRIED DUMPLINGS

焼き餃子

作りおき副菜を味方につけて
つまみっぽい小皿をちょこちょこ準備。
町の中華屋さんみたいなテーブルに。

お弁当のおかずなどにも使える手作りメンマと塩味たまごは、作りおきしてストック。スープはとろみをつける前の段階まで作っておき、きゅうりは切って味つけをせずに冷蔵庫へ。餃子を焼いている間にスープとぱりぱりきゅうりを仕上げれば、一気に家中華の日の献立が完成。忙しい日は冷凍餃子を使ったり、メンマは瓶詰め、塩味たまごはコンビニのゆで卵で代用するなど、ほどよく手抜きするのもあり。ときにはメインをデパ地下の中華惣菜にかえることも。毎日のことだからこそ無理はせず、できる範囲で楽しみたい。

MENU

手作りメンマ

保存期間
約4日

油を使わず簡単にできるので、メンマは自家製が定番。
多めに作ればラーメンに、おつまみにと、連日楽しめる。

材料 作りやすい分量

メンマ(水煮)…1袋(240g)

A
- しょうゆ…大さじ3
- みりん…大さじ3
- 鶏がらスープの素…小さじ2
- 砂糖…小さじ1
- 塩…少々

作り方

1 メンマはさっと水洗いしてざるに上げて、水けをきる。

2 なべに水300mlと**A**を入れて火にかけ、沸騰したら**1**を加えて10分ほど煮る。火を止め、そのまま冷まして味をしみ込ませる。

塩蔵タイプは下処理に手間がかかるので、水煮タイプを使用。スーパーで購入できる。

MEMO

ラーメンを食べるときに合わせて多めに作り、瓶に入れて冷蔵庫で保存。食事前のビールのお供に、さっと出せて便利。

塩味たまご

保存期間
約3日

中華の日のおつまみや、お弁当のおかずに。
焼豚を添えて、メンマとの3品盛りにするのもおすすめ。

材料 作りやすい分量

卵…6個
白だし…小さじ2
塩…小さじ1

茶色くない味卵を作りたくて、コンビニにある塩ゆで卵をイメージして考案。この状態のまま冷蔵庫で保存可。

作り方

1 卵は室温に戻してから、沸騰した湯に入れて7分ゆでて冷水に取る。冷めたら殻をむく。

2 小なべに水200mlと白だし、塩を入れて火にかけ、沸騰したら火を止める。冷めたらファスナーつき保存袋に入れ、**1**のゆで卵を加えて冷蔵庫で1日つけ込む。

ぱりぱりきゅうり

中華の箸休めには、みずみずしい生野菜がぴったり。
餃子に酢じょうゆを合わせるので、こちらは塩とごま油でシンプルに。

材料 2〜3人分

きゅうり…2本
にんにくのみじん切り…小さじ1/4
ろく助塩(または塩)…小さじ1/2
ごま油…大さじ1

MEMO

きゅうりは皮をむくと色合いが美しく、食感もほどよくパリパリに。シンプルな味つけだけに、できれば「ろく助塩」(p.122)のような、うまみがしっかりある塩を使いたい。

作り方

1 きゅうりはピーラーで皮をむいてひと口大の乱切りにする。

2 ボウルに1とにんにく、ごま油を入れて軽く混ぜる。塩を振り、さっと混ぜて、味をなじませる。

トマトと豆腐の卵スープ

いつも冷蔵庫にあるもので作れる、優しい味わいのスープ。
中華献立の日にはほぼ毎回登場する、定番中の定番だ。

材料　4人分

トマト…2個
絹ごし豆腐…1/2丁
卵…1個
万能ねぎの小口切り…適量
水どき片栗粉（片栗粉、水各大さじ3）
A 鶏がらスープの素…大さじ1
　塩…小さじ2
　砂糖…小さじ1
ごま油…小さじ2

作り方

1 なべに水400mlを入れ火にかける。沸騰したらトマトを湯むきして、ざく切りにする。豆腐は2cm角に切る。卵は割りほぐす。

2 なべの湯に**A**を加えて、沸騰したらトマトと豆腐を加える。ひと煮立ちしたら水どき片栗粉を加えてとろみをつけて、混ぜながらとき卵を流し入れてふんわりと仕上げ、ごま油をたらす。器に盛り、万能ねぎを散らす。

MEMO

スープ用に沸かした湯で、先にトマトの湯むきをすれば時短に。トマトの種は好みで取り除いても。

Main Dish

焼き餃子

家中華のメインといえば、
やっぱりシンプルな焼き餃子が人気。
パリパリ食感の副菜を必ず添えるのが、
餃子の日のマイルール。

材料 30個分

豚ひき肉…200g
キャベツ…1/4個
にら…1束
長ねぎのみじん切り…1/2本分
餃子の皮…30枚
塩…小さじ1
A サラダ油…大さじ1
ごま油…大さじ1
B 鶏がらスープの素…小さじ2
しょうゆ…大さじ1
砂糖…小さじ1
しょうがのしぼり汁…大さじ1
塩、こしょう…各少々
サラダ油…適量

作り方

1 キャベツは芯を除き、あらみじんに切る。ボウルに入れ、塩を振って軽く混ぜ、しんなりしたら水けをしぼる。にらは5mm幅に切る。

2 ボウルにひき肉と**A**を入れてよく混ぜて、粘りが出たら**B**を加えてさらに混ぜる。キャベツ、にら、長ねぎも加えてよく混ぜたら、ラップをして冷蔵庫で30分ほど休ませる。

3 餃子の皮に**2**を大さじ1ほどのせて、端からひだを寄せて包む(a)。

4 フライパンにサラダ油大さじ1を引き、餃子を並べる。火にかけたら熱湯1カップを加えてふたをし、強火で蒸し焼きにする。

5 水けがほとんどなくなったらふたを取り、サラダ油小さじ2を回しかける。香ばしい焼き色がついたら皿を逆さにしてフライパンにのせ、フライパンごと返して餃子を皿にのせる。好みで酢じょうゆとラー油や酢とこしょうなどを添える。

a

餃子を包むときに皮がうまくつかない場合は、水と片栗粉を同量ずつ混ぜたものを、のりがわりに使うのがおすすめ。

パスタの日

季節のフルーツ×ブッラータとオーブン焼きで、シンプルパスタを格上げ。

CACIO E PEPE

カチョ・エ・ペペの目玉焼きのせ

主役は具材も作り方もシンプルな通称〝貧乏人のパスタ〟風。それだけだと夕飯には寂しいけれど、サラダの酸味とセロリのパリパリ感、フルーツの甘みとチーズのやわらかさ、そして温かなオーブン焼き……と味や食感、温度の異なる副菜を足していくことで、バランスの取れた満足度の高い食卓に。イタリアンのコースのように、ささみをオーブンに入れている間に冷菜2品からスタートし、ささみ、パスタの順にサーブすればスムーズ。ボリュームがほしければ、ささみにパンを添えても。うまみたっぷりのバターにパンをひたして食べるのが最高！

MENU

ささみのバターチキン

塩や砂糖を入れて作る「ブライン液」につけることで、
ささみとは思えないふっくら＆ジューシーな焼き上がりに！

材料 4人分

鶏ささみ（筋を取ったもの）…8本
卵…1個
レモン…1/2個
小麦粉…適量
バター（食塩不使用）…適量
こしょう…少々
A 水…100ml
塩…小さじ1
砂糖…小さじ1と1/2

MEMO

ブライン液で下味がしっかり浸透するので、レモンをかけるだけで十分おいしい。サラダとパンを添えればメインにも。

作り方

1 ファスナーつき保存袋に**A**を入れてよくとかす。袋にささみを加え密封して軽くもみ、よくなじませたら冷蔵庫に入れて（a）、1～3時間ねかせる。卵は割りほぐす。オーブンを200度に予熱する。

2 袋からささみを取り出しキッチンペーパーで水けをふく。こしょうを振り、小麦粉、とき卵の順にまぶす。

3 フライパンにバター大さじ1を入れて火にかけ、バターがとけたら**2**のささみを入れて（b）、上下を返しながら焼く。両面にこんがりと焼き色がついたら、耐熱容器に並べる。

4 ささみの上にバター50gをちぎってまんべんなく散らし、オーブンに入れて10分焼く（c）。レモンを添え、食べる直前にたっぷりとしぼる。

a
袋に入れて密封した状態なら、冷蔵庫でひと晩から2日ほど保存可能。

b
あとでオーブンに入れるので、ここでは中まで火を通さず表面に焼き色がつけばOK。

c
ブライン液につけることで、長時間焼いてもしっとりとやわらかく焼き上がる。

いちじくとブッラータのカプレーゼ

フルーツの甘酸っぱさが、まろやかなブッラータによく合う前菜。
切るだけと簡単なので、パスタをゆでている間の場つなぎにも。

材料 作りやすい分量

ブッラータ…1個
いちじく…3個
A ホワイトバルサミコ酢…大さじ1
塩…少々
あらびき黒こしょう…少々
オリーブオイル…大さじ2

作り方

1 いちじくはなり口のかたい部分を切り落とし、皮ごと縦4つに切る。**A**は混ぜ合わせる。

2 器にブッラータといちじくを盛り、食べる直前に**A**を全体に回しかける。

MEMO ブッラータの表面に塩味がついていると味にメリハリが出るので、**A**は必ず食べる直前にかけて。季節によって、いちごやさくらんぼ、桃、ぶどう、みかんなどを合わせても。

セロリのプンタレッラ風サラダ

**イタリアの野菜〝プンタレッラ〟を食感がよく似たセロリで代用。
パリパリとした食感とアンチョビーのうまみがおいしさの決め手。**

材料 2〜3人分

セロリ…2本
イタリアンパセリ…2〜3本
A アンチョビー（ペースト）…小さじ2
にんにくのすりおろし…少々
レモン汁…1/2個分
塩…小さじ1
砂糖…ひとつまみ
こしょう…少々
オリーブオイル…大さじ2

作り方

1 セロリは5㎝長さの細切りにして、さっと氷水にさらしてからしっかりと水けをきる。イタリアンパセリはあらみじんに切る。

2 ボウルに**A**を入れてよく混ぜ合わせたら、セロリを加えて軽く混ぜ、味をなじませる。器に盛り、イタリアンパセリを散らす。

MEMO

お気に入りのイタリアン「オルランド」で教えてもらったレシピ。セロリの長さは器のサイズに合わせて変えてもおしゃれ。

Main Dish

カチョ・エ・ペペの目玉焼きのせ

**カルボナーラの簡単バージョンがこちら。
冷蔵庫にあるものでささっと作れるから、登場頻度は高い。
半熟の目玉焼きとチーズの組み合わせが、濃厚まろやか。**

目玉焼きは食べるときに裏返して、くずしながら麺によくからませて食べる。白身も半熟状に仕上げると、麺によくからんでおいしい。

MEMO

パスタをゆでるときは、水の量に対し1％の塩を加える。
パルミジャーノ・レッジャーノや黒こしょうは好みで食べるときに足しても。

材料 2人分

スパゲッティ…200g
卵…2個
にんにくのみじん切り…1かけ分
赤とうがらし（種を取る）…1本
パルミジャーノ・レッジャーノ…大さじ4〜6
塩…適量
あらびき黒こしょう…適量
オリーブオイル…大さじ2
サラダ油 …小さじ2

作り方

1 目玉焼きを作る。小さめのフライパンにサラダ油を入れて強めの中火にかけ、しっかり熱してから卵を割り入れる。そのままふたをせずに加熱し、白身に少し火が入ったところで取り出す。スパゲッティは塩適量を加えた湯で表示時間より3分短くゆでる。ゆで汁は取っておく。赤とうがらしは小口切りにする。

2 フライパンにオリーブオイル、にんにく、赤とうがらしを入れて火にかける。香りが立ったらスパゲッティとパスタのゆで汁お玉1杯分を加えて2〜3分炒め合わせる。味見をして、必要なら塩少々を加えて味をととのえる。

3 器にスパゲッティを盛り、パルミジャーノ・レッジャーノと黒こしょうを振りかけて、目玉焼きをのせる。

なべの日

ピェンロー
PIANLU

おかず感覚で食べるなべには
しゃきしゃき食感のサラダと
濃厚炒めを添えてメリハリを。

ピェンローは春雨が入っているので最後に〆を入れず、ごはんのおかずとして食べるのが我が家の定番。

なべのときには冷たくてシャキッとした食感のものを合わせたいので、生野菜を使った冷菜を2種類用意。

ここに濃厚な味つけの炒めものを加えれば、ごはんがすすむ献立に。メインに豚肉と鶏肉を使うので、サイドには魚介や豆腐を使うとバランスがいい。なべはあらかじめ作ってしまっておいて厚揚げを焼き始め、その間に冷菜を作ってテーブルへ。厚揚げが完成する頃にはなべを温めて、仕上げにごま油で風味豊かに。

MENU

ピェンロー → p.54

厚揚げのにんにくバターしょうゆ炒め → p.50

きゅうりのサラダ → p.52

かにとセロリのサワークリームマヨあえ → p.53

厚揚げのにんにく バターしょうゆ炒め

なべの前のおつまみにも、ごはんのおかずにもなる頼れる一品。香ばしいにんにく×バターしょうゆの濃厚ソースが絶品だ。

材料 2〜3人分

厚揚げ…1丁（350g）
ピーマン…2個
しめじ…1パック
にんにくのすりおろし…1かけ分
バター…大さじ3
豆板醤…小さじ1〜2
A 酒…大さじ1
しょうゆ…大さじ1
だししょうゆ…大さじ1
塩、こしょう…各適量
サラダ油…適量

作り方

1 厚揚げは8等分に切り、オーブントースターで表面がカリッとするまで焼く。ピーマンは縦4等分に切り、しめじは石づきを落としてほぐす。

2 ピーマンとしめじは、それぞれサラダ油適量を引いたフライパンで軽く火が通るまで焼き、塩、こしょう各少々を振り、皿に取っておく。

3 小さなフライパンにバターを入れて火にかけ、バターがとけたらにんにくと豆板醤を加える。ぶくぶくと泡立ってきたら**A**を加えて、混ぜながらつやが出るまで加熱する。

4 器に厚揚げを盛り**3**をかけ、**2**を添える。

MEMO

豆板醤はにんにくと一緒に加熱することで、より香り高い仕上がりに。ソースは照りがほしいので、必ずぶくぶくと沸騰させながらつやを出して。煮詰まってしまっても、少量の酒でのばせばOK。

きゅうりのサラダ

にんにくがほんのり効いた、シンプルなパリパリ食感サラダ。
我が家のひとり息子のお気に入りで、リクエスト率はかなり高め。

材料 2〜3人分

きゅうり…2本
いり白ごま…適量

A にんにくのすりおろし…少々
酢…大さじ1
しょうゆ…小さじ1
ろく助塩(または塩)…小さじ1/4
こしょう…少々
ごま油…大さじ1

作り方

1 きゅうりは縦半分に切りスプーンで種をかき出す。1㎝厚さの斜め薄切りにしたらボウルに入れ、冷蔵庫でよく冷やす。

2 別のボウルに**A**を入れてよく混ぜる。**1**を加えてざっくりと混ぜ、味をなじませる。器に盛り、白ごまを振る。

かにとセロリの
サワークリームマヨあえ

少々こってりとした味わいはあっさりめのなべのお供に。
子どもの頃からの思い出が詰まった、母直伝の一品。

材料 2人分

かにのほぐし身…70g
セロリ…1本
A サワークリーム…大さじ1
マヨネーズ…大さじ1
レモン汁…大さじ1
塩、こしょう…各少々

作り方

1 セロリは5cm長さの短冊切りにする。

2 ボウルに**A**を入れてよく混ぜたら、かに、セロリの順に加えてその都度ざっくりと混ぜ合わせる。塩、こしょうを加え、軽くあえて味をなじませる。

サワークリームにマヨネーズを合わせることで、よりコクのある味わいに。ほどよい酸味も加わり、かにとよく合うあえ衣になる。

MEMO

サンドイッチの具にもおすすめ。そのときはかに缶やお手軽にかにカマで代用しても。

ピェンロー

**妹尾河童さんのエッセーで出合って以来、
冬に何度も作っている我が家の定番なべ。
だしはシンプルながら、
豚肉と鶏肉が両方入っているので
十分に味わい深い。**

a

山盛りの白菜も煮込めばちょうどいい量に。くたっとやわらかくなったほうがおいしいので、軸は先にしっかり火を通して。

材料 3人分

豚バラ薄切り肉…300g
鶏もも肉…300g
白菜…1/4株
干ししいたけ…30g
緑豆春雨…100g
ごま油…大さじ4
塩…小さじ2〜3

作り方

1 干ししいたけは400mlほどのたっぷりの水で戻し、軸を落として食べやすい大きさに切る。戻し汁は取っておく。緑豆春雨はぬるま湯で戻す。白菜の軸は幅2cm、長さ5cmほどの短冊切りに、葉は食べやすく切る。豚肉は4〜5cm幅、鶏肉はひと口大に切る。

2 なべに**1**のしいたけの戻し汁全量としいたけ、白菜の軸の部分を入れて火にかける。煮立ったら豚肉と鶏肉を加えてごま油半量を回しかけ、全体を軽く混ぜる。

3 白菜の葉の部分と塩を加えて(a)ふたをし、白菜がくたっとするまで弱火で約30分煮る。

4 春雨を加えひと煮立ちしたら、残りのごま油を回しかける。食べるときに、好みで一味とうがらしやポン酢を添えても。

MEMO

食べるときに具に直接塩をかけるのが定番の食べ方ですが、それだと大量の塩をとることになるので、スープに塩味をつけるのが我が家流。最初はそのまま、途中から一味とうがらしやポン酢で味変を。

副菜と器

主菜に合わせて副菜を2〜3品並べることを基本に考えると、大きすぎず、ほどよい深さのある副菜向きの器は何枚あっても便利なもの。八角形やオーバル、花形など、少し引っかかりのあるものも揃えておくと、料理に表情を与えてくれる。主菜、副菜に限らず作家さんやメーカーは決めずに、気に入った器を自由に組み合わせて使うのが好きだ。それでも食卓に統一感が出るのは、シックな色みで品がありどこか素朴な雰囲気のある、自分好みのものばかりを選んでいるから。だからこそ何品副菜を並べても、いつも「わたしらしい」食卓になるのだと思う。

小 皿

取り皿サイズで
深さもある丸皿は
何枚あってもいい

小さなおかずをのせるのにちょうどよく、活躍の幅は広い。かまぼこや手羽先などちょっとつまむものも収まりがいいので、小皿は円形で少し深さのあるものが便利。同じグレーの花柄（右の2枚）でも、色違いで濃淡をつけるとテーブルのおしゃれ感はぐっと増す。ヨシノヒトシさんの作品（いちばん左）のように清涼感のある器は、中華やベトナム料理などエスニック系が映えるので夏に大活躍。小澤基晴さんのシンプルかつシックな1枚（右から3枚目／上）は、どんな器ともなじみ使いやすい。

耐熱皿

1枚目は直火に
かけられるタイプを

グラタンなどはオーブンに入れる前に火にかけると時短になるので、ぜひ直火にもかけられるタイプを。デンマーク製の白い器（下）は直火対応、3人家族にちょうどいいサイズ感で出番が多い。亀田文さんの作品（上）は、この美しさで直火対応というすばらしき耐熱皿だ。

深　皿

汁けを受けとめる 深皿は形違いで

　煮物など汁けのある副菜のときに役立つのが深皿。直径20㎝くらいの大きすぎないものを、形違いで揃えると使い勝手がいい。ヨシノヒトシさんの八角形の器(下)は、簡単な副菜もおしゃれに見せてくれる1枚。リムに立ち上がりのある丸いシンプルな深皿(上／中)は、どんな料理もほどよく立体的に見せてくれる。

オーバル皿

料理に表情が 生まれる楕円の魔法

　一番と言ってもいいくらい、好きなのがこの形。コロッケや魚の切り身など、シンプルな料理も楕円形のオーバル皿に並べるだけでいい感じの表情が生まれるのだ。右はシックな色みでカレーから副菜まで使えるので長年愛用している大沼道行さんの初期の作品。ほかの2点は個展のたびに買い足している余宮隆さんのもの。

中 鉢

絵になる中鉢が
ひとつあれば
食卓が断然おしゃれに

テーブルコーディネートに変化をつけてくれるのが、3人分くらいの副菜を入れるのにちょうどいい浅めの中鉢。ヨシノヒトシさんの器（右）や、スタジオMの白い高台皿（左）のような花を思わせるデザインや片口中鉢など、ちょっと個性的な形だとテーブルにアクセントが加わっておしゃれな雰囲気に。余宮隆さんのどっしりとした中鉢（中）は、シンプルで使いやすいので使用頻度高め。骨太ななかに北欧食器を思わせるあか抜けた存在感があり、料理の和洋を問わず使える。

いつもおひたしを添える牛丼に、この日は豆苗、ピーマン、きゅうりの塩こぶサラダを。パリパリ食感が、暑い日に心地いい。

大好きな「崎陽軒」のシウマイ弁当には、野菜をプラス。この日はほうれんそう、にらのおひたし、トマトと卵のスープを。

From Instagram vol.1

かんたん ごはんの日の 副菜アイデア

おみやげのふぐごはんで作った小さめおにぎりには、にらそうめんとなすの梅こぶあえを。小さめのそうめんはスープがわり。

前の日のすき焼きを牛丼にリメイク。ほうれんそうとえのきのおひたし、大根のレモンしょうゆ、大根のおみそ汁で野菜も補給。

晩ごはんを作る時間がない日。ロースカツ弁当をテイクアウト、マカロニサラダと豚汁を作って、冷蔵庫にあった副菜と一緒に。

そうめんと定番2品に加え、トマトと卵炒め、きゅうりのレモンしょうゆ。のどごしがよく、もちもちの生そうめんとぴったり。

我が家のそうめんのお供はシュウマイ一択。ほどよい油けと肉っけが絶妙で、ないと落ち着かない。なすのごま油炒めも定番。この日はにら玉やトマトもずく酢も。

茶色いそぼろ弁当に、おそば屋さん風の甘い卵焼きとキャベツの梅あえ、にんじんの明太子しりしりで、黄、緑、赤を添えて。

持ち帰り弁当や麺もので
簡単にすませる日こそ、
ちょっとした副菜を添えたいもの。
テーブルが華やぎ、
食後の満足度もぐっと上がる。
普段の食卓をリアルにご紹介。

代官山の「KUCHIBUE」でテイクアウトしたメンチカツに、ポテサラとキャロットラペを添えて。緑の野菜も足せば完璧。

冷蔵庫のあり合わせでランチ。副菜は春キャベツと新玉ねぎ、ベーコンのおみそ汁だけ。その分、おにぎりは具だくさんに。

Good side dishes

Part 2

自由な味の組み合わせで楽しむ副菜

定番のレシピだけでなく、新しい味を気軽に楽しめるのも副菜のいいところ。そんなとき、外食はアイデアの宝庫だ。イタリアンレストランで食べたいちごとトマトのスープにブッラータを浮かべた甘じょっぱい一品、カウンター和食で出されたゴルゴンゾーラの茶碗蒸しなど、意外な味わいや目からうろこの組み合わせに感動したら自宅でも作ってみる。詳しくレシピを尋ねなくても、なんとなくこんな感じかなと思う程度で大丈夫。新しい発想の料理を取り入れることで献立のマンネリを防いで、食卓の新陳代謝が高まるような気がする。

玉ねぎと生ハムのかき揚げ

小さめサイズでサクッと軽いかき揚げは、そうめんやうどん、そばなど麺の副菜にぴったり。生ハムの塩けと玉ねぎの甘みのバランスが絶妙！

材料 4人分

生ハム…20〜30g
玉ねぎ…1個
卵…1個
小麦粉…150g
塩…適量
冷水…180ml
サラダ油…適量

作り方

1 玉ねぎは半分に切ってから繊維にそって5mm幅に、生ハムは2〜3cm幅に切る。ボウルに入れて、小麦粉大さじ1（分量外）を全体に薄くまぶす(a)。

2 別のボウルに卵を割りほぐし、冷水、小麦粉を加え泡立て器でよく混ぜる。これを**1**のボウルに少しずつ加えて、まんべんなくからめる。

3 フライパンに油を深さ1cmくらい入れて熱し、**2**を大さじ2くらいずつ手に取り、直径6〜7cmの平らな円形にととのえて油に入れる(b)。上下を返しながらカラッとするまで揚げ、油をきる。器に盛り、塩を振る。

MEMO

渋谷の居酒屋「高太郎」のベーコンとまいたけのかき揚げからヒントを得たもの。切り落としでも十分おいしくできるし、ハモンセラーノなどの高級生ハムなら、さらにうまみがワンランクアップ。

a
小麦粉を先にまぶしておくと、衣がからみやすくなる。

b
衣は具材が見えるくらい、ごく薄く。厚みがないので、揚げ油は少なめでいい。

ピータンおぼろ豆腐

麻婆春雨や回鍋肉《ホイコーロー》など、ボリューム中華にはこんなさっぱり副菜を。
お惣菜の春巻きも一緒に添えれば、お店みたいな中華定食が完成。

材料 2人分

おぼろ豆腐…1個
ピータン…1個
きゅうり…5cm
A 長ねぎ…5cm
ザーサイのみじん切り…大さじ1
しょうがのすりおろし…1かけ分
しょうゆ…大さじ1
酢…小さじ1
ごま油…小さじ2

作り方

1 ピータンは殻をむいて20分ほどおき、2cm角に切る。おぼろ豆腐はキッチンペーパーにのせて軽く水けをきる。長ねぎはみじん切り、きゅうりは5mm角に切る。

2 **A**をよく混ぜ合わせる。

3 器におぼろ豆腐を盛り、ピータン、**2**の順にのせて上からきゅうりを散らす。好みで刻んだパクチーをのせても。

MEMO おぼろ豆腐は少し小さめなので、副菜に最適。ピータンは少しおくと、独特の匂いが抜ける。

ミニトマトとアボカドのサラダ

**マッシュしたアボカドはサラダだけでなく、チキンソテーのソースにしたり
白あえ感覚でささみやブロッコリーとあえたり、とアレンジも自在。**

材料 作りやすい分量

アボカド…1個
ミニトマト…10〜12個
あらびき黒こしょう…少々
A レモン汁…1/2個分
塩…小さじ1/2
オリーブオイル…大さじ1

作り方

1 ミニトマトは半分に切る。アボカドはボウルに入れ、フォークなどでつぶす。

2 1のボウルにAを加えてよく混ぜたら、トマトも加えてざっくりと混ぜる。器に盛り、こしょうを振る。

MEMO クラッカーやバゲットを添えれば、おもてなしの日の前菜にも。

ブロッコリーと
アスパラガスの中華風おひたし

中華のテーブルに、ほっとする温かい副菜を一品加えたいときはこれを。
茶色っぽくなりがちな中華こそ、こんな鮮やかなグリーンを加えたいもの。

材料　3〜4人分

ブロッコリー…1個
グリーンアスパラガス…3〜4本

A
- 鶏がらスープの素…小さじ2
- 塩…適量
- サラダ油…小さじ2

B
- オイスターソース…大さじ1
- しょうゆ…小さじ2

作り方

1 アスパラガスは2〜3cm厚さの斜め切りにする。ブロッコリーは小房に分ける。**B**は混ぜ合わせる。

2 なべに水400mlを入れて火にかけ、**A**を加える。沸騰したらブロッコリーとアスパラガスを加えて2分ゆで、ざるに上げる。器に盛り、**B**をかける。

MEMO

ゆでるときにしっかり味がつくので、仕上げのたれはシンプルに。

じゃがいものアンチョビーあえ

保存期間
約2日

**軽快な食感のじゃがいもは、中華や韓国料理、和食など、
どんな料理とも好相性。アンチョビー入りなので、ワインと合わせても。**

材料 2人分

じゃがいも…1個
いり白ごま…適量
A アンチョビー（フィレ）…1枚
　にんにくのすりおろし…少々
　砂糖…ひとつまみ
　塩…少々
　太白ごま油…小さじ2

作り方

1 じゃがいもは薄切りにしてから、ごく細めのせん切りにする。ボウルに入れて水にさらし、何度か水をかえて水がにごらなくなったら、ざるに上げる。アンチョビーはあらみじんに切る。

2 じゃがいもに熱湯と水を適量ずつ順に回しかけ、水けをしっかりきる。

3 **2**をボウルに入れ、**A**を加えてあえる。器に盛り、白ごまを振る。

MEMO じゃがいもはスライサーで薄切りにしてからせん切りにすると、きれいに仕上がる。

ナンプラー風味のカルパッチョ

刺し身を切ってあえるだけのお手軽レシピながら、玉ねぎの紫とレモンの黄色で洗練された印象に。イタリアンやシチューとどうぞ。

材料 2〜3人分

たいの刺し身…1さく
紫玉ねぎ…1/2個
セルフィーユ…適量
レモン…1/2個
塩…少々
オリーブオイル…大さじ1
A ナンプラー…大さじ1
オリーブオイル…大さじ1

作り方

1. たいは薄いそぎ切りにする。紫玉ねぎは繊維にそって薄切りにして、さっと水にさらしてから水けをきる。
2. ボウルにたいと**A**を入れて軽くあえる。
3. 皿にたいを並べて紫玉ねぎとちぎったセルフィーユを散らす。塩を振りオリーブオイルをかけて、レモンを添える。食べる直前にレモンをたっぷりとしぼる。

MEMO

お徳用刺し身パックは、副菜作りの強い味方！ 量が少なめでも野菜やハーブを合わせれば、味もボリュームもアップ。白身魚は塩こぶで締めたり、かつおのたたきには薬味を足したりと、和風のアレンジもおすすめ。

なすのから揚げスパイスソルト

揚げたてのとろっと甘いなすにスパイスソルトをからめれば
食べ始めたら止まらない、ビールによく合う無限おつまみが完成!

材料 2〜3人分

なす…3個
米粉…75g
重曹…小さじ1/4
炭酸水…100ml
A 花椒…小さじ1〜2
ジンジャーパウダー…小さじ1〜2
ガーリックパウダー…小さじ1〜2
塩…小さじ1
こしょう…小さじ1〜2
砂糖…小さじ1/2
鶏がらスープの素…小さじ1
サラダ油…適量

スパイスソルトに、ジンジャーパウダー、花椒、ガーリックパウダーは必須。クミンやチリパウダー、五香粉を足すと、さらに香り高い仕上がりに。

作り方

1 なすは縦半分に切ってから2〜3cm厚さの斜め切りにする(a)。さっと水にさらしたら水けをふき、米粉適量(分量外)を軽くまぶす。ポリ袋に**A**を入れてさっと混ぜる(b)。

2 ボウルに米粉と重曹を入れて混ぜ、炭酸水を加えてなめらかになるまでよく混ぜ合わせる。油を180度に熱する。

3 なすを**2**の衣にくぐらせて、油に入れる。ときどき上下を返しながら、全体が薄めのきつね色になるまで揚げて、油をきる。

4 揚げたてを大きめのボウルに入れて**1**のスパイスソルトを好みの量かけ(c)、ボウルを振りながら全体にからませる。

MEMO

高温の油でさっと揚げるのが、サクッと仕上げるコツ。スパイスソルトは豚肉や鶏のから揚げ、フライドポテトにかけてもおいしい。

とろっとした食感に仕上げるために、なすは厚めにカットすること。

スパイスソルトの材料はポリ袋に入れて振ると、均一に混ざる。

ボウルを振れば表面にきれいにスパイスがつく。

かぶのクリーム煮

**昭和のお母さんの味を思わせる、素朴で懐かしい中華風クリーム煮。
ソースもほっとするおいしさなので、シチュー感覚で楽しんで。**

材料 3〜4人前

ほたての水煮缶…50g
かぶ…4個
牛乳…200ml
生クリーム…大さじ2
鶏がらスープの素…小さじ1
砂糖…小さじ1
塩…小さじ1/2
こしょう…少々
水どき片栗粉
（片栗粉、水各大さじ2）
ごま油…小さじ1

作り方

1 かぶは縦4等分に切る。ほたては缶の中で軽くほぐす。

2 フライパンに水200mlと鶏がらスープの素、かぶを入れて火にかける。10分ほど煮てかぶに火が通ったら、ほたてを缶汁ごとと牛乳、生クリームを加えてさっと混ぜ、砂糖、塩、こしょうを加える。

3 混ぜながら水どき片栗粉を加えてとろみをつける。ふつふつと沸いたら、ごま油を回し入れる。

MEMO

砂糖を加えることで角が取れて、優しい中華の味に。カリフラワーやブロッコリーのほか、白菜や青菜で作れば時短にもなる。

紫キャベツのコールスロー

保存期間
約2日

**スパイスカレーのつけ合わせにぴったりのさっぱり味のサラダ。
テーブルを華やかに彩る紫色の食材は、常備している食材のひとつだ。**

材料 2人分

紫キャベツ…1/2個
紫玉ねぎ…1/4個
グレープフルーツ…1/2個
塩…小さじ1/4
A 白ワインビネガー…大さじ1
砂糖…小さじ1
塩…小さじ1/2
オリーブオイル…大さじ2

作り方

1 紫キャベツは3～4㎜幅の細切りにする。ボウルに入れ、塩を振って軽く混ぜ、10分ほどおいて水けをしぼる。グレープフルーツは房から出して手でひと口大にする。紫玉ねぎはみじん切りにし、水にさらして水けをきる。

2 別のボウルに**A**を入れてよく混ぜ合わせ、**1**を加えてざっくりとあえる。

MEMO 小房に分けたときに出るグレープフルーツの汁けは、捨てずに加えて。2日目は食べる前に軽く水けをきってから器へ。ツナ缶を加えるアレンジもおすすめ。その場合、砂糖は抜いて。

ピーラーにんじんのピーナッツバターあえ

保存期間 約2日

爽やかな味わいと明るい色みで、豚肉料理などに添えると華やかに。
全体をまろやかに包み込むピーナッツバターのコクがおいしい隠し味。

材料 2〜3人分

にんじん…1本
りんご…1/2個
A ピーナッツバター（加糖）…大さじ1
　酢…大さじ1/2
　薄口しょうゆ…小さじ2
　砂糖…小さじ2
　塩…小さじ1/4
　オリーブオイル…大さじ1

作り方

1 にんじんはピーラーで斜め薄切りにする(a)。ボウルに入れて塩少々(分量外)を振って10分ほどおき、しんなりしたら水けをしぼる。りんごは皮つきのまま3〜4mm厚さのいちょう切りにする。

2 別のボウルに**A**を入れてよく混ぜ、**1**を加えてあえる。

MEMO

当日食べない分にはりんごは入れず、食べる直前に加える。お弁当に入れるときは、水が出ないようにんじんだけで作って。

a

にんじんはまな板に固定すると切りやすい。にんじんが太ければ、縦半分に切ってから斜め薄切りに。厚さは多少不揃いでも気にせずに。

カキのジョン

**キムチなべやスンドゥブ、タッカンマリなど、韓国のあったか料理には
こちらのジョンとごはんを添えて韓国定食風に。おつまみにもぴったり。**

材料 3人分

カキ(加熱用)…8〜9粒(150g)
卵…1個
万能ねぎの小口切り…大さじ2
塩…少々
小麦粉…適量
A みりん…大さじ1
ごま油…小さじ2
塩…小さじ1/2
サラダ油…大さじ1

[つけだれ]
しょうゆ…大さじ2
酢…大さじ1
ごま油…小さじ1
粉とうがらし(好みで)…少々

作り方

1 カキは塩水で振り洗いし、ざるに上げて水けをきる。ボウルにカキと**A**を入れてさっと混ぜ、5分ほどおいて味をなじませる。別のボウルに卵を割りほぐし、万能ねぎ、塩を加えて混ぜる。

2 ポリ袋に小麦粉と汁けをきったカキを入れて振り混ぜ、表面にまんべんなく粉をまぶす。

3 フライパンに油を入れて火にかけ、カキを**1**の卵液にくぐらせて入れ、両面に焼き色がつくまで、上下を返しながら焼く。器に盛り、つけだれの材料を混ぜて添える。

MEMO

酒ではなくみりんにつけることで、
しっかり下味がつく。

車麩入り肉豆腐

車麩でボリュームが出るので、焼き魚や刺し身など主菜が軽めの日に最適。
昔懐かしい日本の母の味を意識して、甘辛でしっかりめの味つけに。

材料 2〜3人分

牛切り落とし肉…200g
木綿豆腐…1丁
車麩…3枚
長ねぎ…1本
A だし…500ml
しょうゆ…大さじ3
酒…大さじ2
みりん…大さじ2
砂糖…大さじ1

MEMO 車麩が水分をたくさん吸うので、だしはいつもより多めに。

作り方

1 牛肉は食べやすい大きさに切る。豆腐は4等分に切り、キッチンペーパーにのせて10分ほどおいて軽く水きりをする。車麩はたっぷりの水で戻し、4等分して軽く水けをしぼる。長ねぎは1cm厚さの斜め切りにする。

2 フライパンに**A**を入れて火にかけ、沸騰したら牛肉と長ねぎを加え、肉をほぐしながら煮る。牛肉に火が通ったら、牛肉と長ねぎをいったん取り出す。

3 続けて豆腐と車麩をくずれないようにそっと入れて、落としぶたをして煮る。10分したら**2**を戻し入れ、1〜2分煮る。器に盛り、煮汁をかける。

揚げワンタン

カリカリに揚げた皮が主役だから、包むあんはほんの少しで。
お手本は横浜の老舗「奇珍楼」。甘酢をつけたら止まらないおいしさに。

材料　3〜4人分

豚ひき肉…40g
ワンタンの皮…15枚
長ねぎのみじん切り…大さじ1/2
しょうがのすりおろし…小さじ1/2
塩、こしょう…各少々
A 砂糖…大さじ3
酢…大さじ3
みりん…大さじ2
しょうゆ…大さじ1と1/2
塩…小さじ1/2
水…100ml
水どき片栗粉（片栗粉、水各小さじ2）
サラダ油…適量

作り方

1 ボウルにひき肉、長ねぎ、しょうが、塩、こしょうを入れてよくねる。

2 ワンタンの皮に**1**を少量（小さじ1/2ほど）のせてふちを水でぬらす。頂点を少しずらした三角形になるよう半分に折り、両端を少しずつ上向きに折る。残りも同様に包む。

3 甘酢を作る。**A**を小なべに入れて火にかけ、沸騰したら混ぜながら水どき片栗粉を加えとろみをつける。

4 フライパンに油を深さ1〜2cm入れて熱し、**2**を上下を返しながらカリッと揚げる。器に盛り、**3**を添える。

MEMO

早く火が通るよう、あんは少なく、なるべく平らに形をととのえる。分厚くならないよう頂点を少しずらして包むことで、カリッと揚がる。

カリフラワーのドフィノア

がっつりお肉を楽しむ日のサイドディッシュは、カリフラワーのグラタンでちょっとヘルシーに。和風のステーキソースともよく合う。

材料 2〜3人分
24×15cmの
耐熱皿1皿分

カリフラワー…大1個
にんにくのすりおろし…1/2かけ分
牛乳…150ml
生クリーム…150ml
バター…大さじ2
パルメザンチーズ…大さじ3〜4
塩…小さじ1/2
こしょう…少々

MEMO

本来じゃがいもで作るドフィノアだが、高山いさ己シェフに「カリフラワーで作ると重くならなくていいよ」と教えてもらってから、こちらが定番に。アンチョビーを加えて「ヤンソンの誘惑」風にアレンジしてもいい。

作り方

1 カリフラワーは小房に分ける。直火にかけられる耐熱皿に、にんにく、バター大さじ1を塗る。オーブンを200度に予熱する。

2 カリフラワーを**1**の耐熱皿に入れて塩、こしょうを振る。牛乳と生クリームを注ぎ火にかけ、5分煮たら火を止める。

3 パルメザンチーズを全体に振りかけ、残りのバターをちぎって散らす。オーブンに入れて、こんがりと焼き色がつくまで15〜20分焼く。

直火にかけられる耐熱皿がない場合、**2**の工程はフライパンを使う。火を止めたら耐熱皿に移して、あとは同様に。

いかのさっとソテー
からすみパウダーがけ

スーパーでお値打ちの小ぶりのやりいかを見つけた日は、迷わずコレ。
やわらかくてうまみもたっぷり。おつまみにもおかずにもなる。

材料 2〜3人分

いか…小3ばい(380g)
パセリのみじん切り…大さじ1
にんにくのみじん切り…1かけ分
からすみパウダー…大さじ2〜3
バター…大さじ1
塩、こしょう…各少々
赤とうがらしの小口切り…1本分
オリーブオイル…大さじ2

作り方

1. いかは水洗いして皮をむき、胴と足に分ける。胴は輪切り、足は食べやすく切り、水けをよくふきとる。
2. フライパンにオリーブオイルとにんにく、赤とうがらしを入れて火にかけ、香りが立ったら**1**とバターを加えて強火にして炒める。いかに火が通ったら塩、こしょうで調味し、パセリを加えて軽くからめる。
3. 器に盛り、からすみパウダーをかける。

いかは切ったときの直径が小さいほうがおいしそうなので小さめを選ぶ。時間がない日は刺し身用の皮をはいだものを使えば手軽。

からすみパウダーは商品によって塩分量が違うので、かける量は好みで調整を。

MEMO

にんにくと赤とうがらしは火にかける前に入れると、香りよく仕上がる。いかを入れたら強火でさっと炒めるのが、生臭くならないコツ。

頼れる常備だれ3種

野菜や豆腐、肉に
さっとかけるだけで
一品完成する常備だれは、
副菜作りの強い味方。
いろんなアレンジを
発見するのも楽しい。

玉ねぎのうまみと甘みを
ぎゅっと凝縮

玉ねぎドレッシング

生野菜にかければ、たちまちプロの味わいに。
かさが減ってきたら玉ねぎを足し、
味が薄くなったら砂糖や塩を足して調整を。

材料 作りやすい分量

玉ねぎ…2個
酒…100ml
みりん…100ml
砂糖…大さじ3

A 酢…150ml
しょうゆ…80ml
だししょうゆ
…大さじ3
塩…小さじ1/2

太白ごま油
（または米油）…100ml

作り方

1 玉ねぎは繊維にそって薄切りにする。

2 なべに酒とみりんを入れて火にかける。アルコール分がとんだら砂糖を加えてとかし、Aを加えてよく混ぜてからあら熱を取る。

3 ボウルに玉ねぎと2、ごま油を入れてよく混ぜたら保存容器に入れる。作った直後から食べられる。

［こうして使って］
トマトサラダや冷ややっこ、冷やしゃぶしゃぶのほか、ちぎったレタスにかけるだけでボリュームアップ。

つぎ足しながら使える
我が家の必需品

にんにくしょうゆ

干ししいたけのうまみが効いた、絶品だれ。
減ってきたらにんにくやしょうゆを足して、
一年中冷蔵庫に常備。

材料 作りやすい分量

にんにく…3かけ
干ししいたけ… 2～3枚
しょうゆ…150ml

作り方

1 保存容器ににんにく、干ししいたけを入れて、しょうゆを注ぐ。冷蔵庫に入れて、3～4日後から使える。

［こうして使って］
シンプルなステーキにかけるだけで、とたんに味わい深いソースに。クリームグラタンにちょっとかけても美味。

にらじょうゆを使って

にらじょうゆうどん

東京・曙橋の人気中華「敦煌」の
メニューがアイデア源。
大量のにらとねぎでうどんを
埋めつくすイメージで。

材料と作り方 1人分

うどん1玉を表示時間どおりにゆでて器に盛り、万能ねぎの小口切り1本分をのせ、にらじょうゆ大さじ3〜4をかける。太白ごま油とごま油各小さじ2を小さめのフライパンに入れて弱火にかけ、煙が出るくらいまで熱したら回しかける。食べる直前に酢少々をかけても。

冷蔵庫にあると嬉しい
頼れる常備だれ

にらじょうゆ

ちょいがけで副菜に、たっぷり使えば
主菜作りにも活躍してくれる便利なたれ。
作ったらすぐに使えるのも嬉しい。

保存期間 約7日

材料 作りやすい分量

にら…1束
青とうがらし…1〜2本
しょうゆ…150ml
酒…50ml
砂糖…小さじ2
酢…小さじ2
ごま油…小さじ2

作り方

1 にらは細めの小口切りに、青とうがらしは種を取りみじん切りにする。酒は沸騰させてアルコール分をとばし、あら熱を取る。

2 材料すべてを保存容器に入れて軽く混ぜる。作った直後から食べられる。

［こうして使って］
冷ややっこや蒸し豚、チャーシューにちょっと添えるだけでおいしさアップ。シンプルに焼いた肉にかけても。

From Instagram vol.2

あと一品に困ったら、フルーツをおかずに

レモン汁とライム汁にハラペーニョソースも加えた酸っぱ辛いセビーチェ。プラムを加えることで華やかな味わいに。

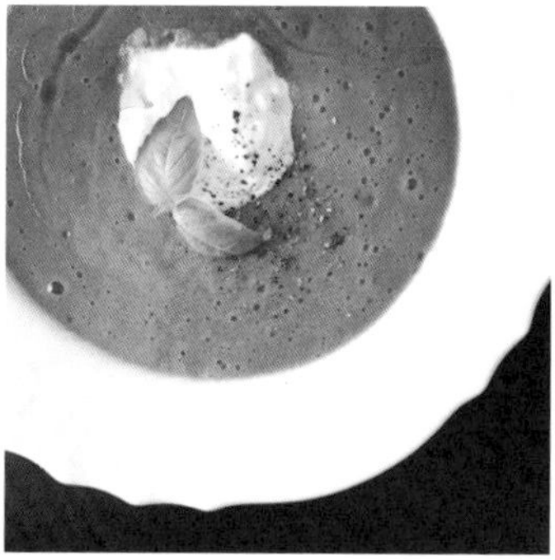

湯むきしたトマトといちごをミキサーにかけた冷製スープ。味つけは塩とオリーブオイル、黒こしょう。ブッラータを浮かべて。

スモークサーモンのマリネに、グレープフルーツを加えて爽やかに。レモン汁と白ワインビネガーで酸味を効かせると美味。

ごま豆腐には、ねっとりやわらか系のフルーツを添えて、ごまだれで食べるのが好み。この日はもも。いちじくも合う。

トマト缶、セロリ、きゅうり、パプリカ、紫玉ねぎに、すいかとバゲットも入れミキサーでガスパチョに。夏の朝にぴったり。

食べ頃の洋梨に、おろしたてのパルミジャーノ・レッジャーノと黒こしょう、塩、オリーブオイル。うっとりするおいしさ。

シャインマスカットの白あえ。成功の秘訣は、あえ衣にマスカルポーネを加えたこと。まろやかでおいしい！

早生みかんのカプレーゼ。味つけはホワイトバルサミコ酢、オリーブオイル、あら塩と黒こしょうをかけるだけと、手間いらず。

フルーツはそのままより、
アレンジを加えて
おかずとして食べるほうが好み。
旬のフルーツは、
食卓に季節の彩りを
添えてくれるし、
なによりさっと作れる。

柿とかぶの粒マスタードあえ。柿とひと塩したかぶに粒マスタード、しょうゆ、だししょうゆ、ごま油各少々をあえるだけ。

淡いグリーンがきれいな、シャインマスカットのコールスロー。ドレッシングには粒マスタードとツナも加えて。

Good side dishes

Part 3

家にあるもので作れる副菜

冷蔵庫やパントリーに常備していてきらすと落ち着かないのが明太子やしらすなどの魚介加工品と梅加工品。加えて塩こぶ、キムチ、ザーサイなどの漬けものや発酵食品。それ自体にしっかりとしたうまみと塩けがあるので、ごはんのお供にするだけではもったいない。我が家では調味料感覚でどんどん使ってしまう。刻んだ野菜とあえたり、炒めものの味つけに使ったりととにかく使い勝手は抜群。余計な味つけをしなくてもぴたりと味が決まって失敗知らずなのも嬉しい限り。冷蔵庫にあると思うだけで心強い存在なのだ。

しらす干し

「ちょっと塩けがほしいな」というときに活躍してくれる。少し足すことで魚介のうまみも加わり、シンプルな料理もパッと華やぐ。冷凍保存もおすすめ。

しらすとわかめのナムル風

**さっぱり系が一品ほしいけど、酢のものじゃない気分のときに。
から揚げや肉じゃがなど、ボリュームのある肉料理とどうぞ。**

材料 2人分

しらす干し…70～80g
生わかめ…150g
いり白ごま…適量
A にんにくのすりおろし
…小さじ1/8
だししょうゆ…小さじ2
塩…少々
ごま油…大さじ1

作り方

1 わかめはさっと洗って水けをきり、ひと口大に切る。

2 ボウルにAとともに入れてよく混ぜ、しらすを加えてざっくりとあえる。器に盛り、白ごまを振る。

MEMO

塩蔵わかめを使う場合、塩を洗い流してから10分ほど水につけ、さっと湯通ししてから切る。しらす干しはいたみが気になるので、食べきれる量で作る。

しらすと青とうがらしのフリッタータ

家にある材料で簡単に作れて、かつ華やかさもあるお助け前菜。
ボリュームも文句なしで、イタリアンの日には欠かせない。

材料 4人分

しらす干し…50g
青とうがらし…1/2〜1本
卵…4個
パルミジャーノ・
　レッジャーノ…大さじ1〜2
こしょう…少々
オリーブオイル…大さじ1

MEMO

上下を返すのは少々難しいので、あえて片面焼きで。火を通しすぎず、上面は半熟状にふっくらと焼き上げるのが、おいしく仕上げるポイント。

作り方

1 青とうがらしは縦半分に切って種を除き、細かく刻む。

2 ボウルに卵を割りほぐし、1、しらす干し、パルミジャーノ・レッジャーノ、こしょうを加えてよく混ぜる。

3 小さめのフライパンにオリーブオイルを入れて強めの中火にかけ、しっかりと熱したら2を流し入れる。卵が軽く固まってきたらヘラでぐるぐると混ぜる(a)。

4 全体がゆるめの半熟状になったらふたをして弱めの中火にし、卵がふっくらとするまで2〜3分加熱する。器に盛り、好みでグリーンミックスをのせても。

青とうがらしは手に入る時期が短いので、見かけたら買って冷凍しておくのもあり。なければ、入れなくてもいい。

a

全体に均一に火を通すため、ぐるぐるとかき混ぜる。シリコンのヘラが便利。

漬けもの

塩けやにんにくが効いている漬けものは、野菜と炒めるといい塩梅に。パリパリ食感もアクセントになって、ごはんのお供に最適だ。

キムチとトマトの卵炒め

**キムチのにんにく風味がほどよく効いた、ふわふわ卵が絶品。
そうめんやうどん、クッパなど、あっさりとした軽めの主食の日に。**

材料 2人分

キムチ…120g
トマト…1個
卵…2個
A 砂糖…小さじ1
塩…少々
B しょうゆ…小さじ2
みりん…小さじ2
塩…少々
太白ごま油…大さじ2

作り方

1 卵は割りほぐし、**A**を加えてよく混ぜる。トマトは8等分のくし形切り、キムチはざく切りにする。

2 フライパンにごま油大さじ1を入れて強火にかけ、よく熱したら**1**の卵液を流し入れてざっくりと混ぜる。軽く火が通りふんわりとしたら、いったん取り出す。

3 同じフライパンに残りのごま油を熱し、キムチをさっと炒めたらトマトを加える。トマトがくずれてきたら**B**を加えて軽く混ぜ、**2**を戻してさっと炒め合わせる。

MEMO

ポッサムのような韓国の肉料理がメインの日は、これにわかめスープやサラダなどを添えれば、韓国風定食に。しょうがやにんにくも入っているキムチは、炒めものに入れると調味料としての役割も果たしてくれる。

たくあんと れんこんのきんぴら

保存期間 約3日

**時間がない日のランチだって、これと納豆、おみそ汁があれば十分。
お弁当に、お酒のあてにと万能で、冷蔵庫に入っていると安心できる。**

材料 3〜4人分

たくあん…10cm
れんこん…150g
A しょうゆ…大さじ1
酒…大さじ1
みりん…大さじ1
砂糖…小さじ2
酢…小さじ2
赤とうがらしの小口切り…1/2本分
ごま油…大さじ1/2

作り方

1 れんこんはたくあんの大きさに揃うように、大きければ縦半分にしてから1〜2mm厚さに切り、水にさらして水けをきる。たくあんも1〜2mm厚さに切る。

2 フライパンにごま油を入れて強火にかけ、たくあんを炒める。油がなじんだられんこんを加えて炒め、透き通ってきたらAを加えて混ぜ、水けがなくなるまで炒める。好みでいり白ごまを振っても。

MEMO

きんぴらは酢を加えることで味に深みが。たくあんは天日干しでほどよい塩けのものがおすすめで、量は太さにより調整を。れんこんのかわりにごぼうもおいしい。その場合、ごぼうに合わせてたくあんも細長く切ると、見た目も食感もまとまる。

納豆

主菜のボリュームが控えめな日は、
納豆にアレンジを加えた
存在感のある副菜を添えて。
粒とひきわりは料理に合わせて
使い分けたい。

お揚げ納豆

**ボリュームがあり満足度が高いので、揚げものがわりにも。
居酒屋風献立の副菜や、おなべの日のおつまみにぴったり。**

材料　2人分

ひきわり納豆…2パック
油揚げ…2枚
万能ねぎの小口切り…大さじ2
ピザ用チーズ…大さじ3
しょうゆ…小さじ1
貝割れ菜…適量
ごま油…大さじ1/2
米油…大さじ1/2

MEMO

納豆はひきわりが詰めやすく、チーズともなじみがいい。油揚げは見た目がふんわりとしたものを選ぶと開きやすい。オーブントースターは使わず、フライパンでこんがり仕上げたい。

作り方

1 油揚げは長いほうを半分に切って、破れないように袋状に開く。納豆は付属のたれとからし、しょうゆ、万能ねぎを加えて混ぜる。

2 油揚げに**1**の納豆とチーズを1/4量ずつ入れて（a）、つまようじで口をとめたら、具がはみ出さないよう注意しながら形を平らにととのえる。残り3個分も同様に作る。

3 フライパンにごま油と米油を入れて弱めの中火にかけ、**2**を並べて焼く。ときどきキッチンペーパーで油をふきながら、両面にこんがりとした焼き色をつけ、チーズをとかす。器に盛り、貝割れ菜を添える。

a

油揚げの口の部分を1cmほど折り返して、スプーンで納豆を入れるとこぼれにくい。

納豆そぼろのレタス巻き

東京・青山にある「中華風家庭料理 ふーみん」の納豆ごはんを
自己流にアレンジ。ヘルシーでおつまみにもおかずにも。

材料 4人分

豚ひき肉…200g
納豆…2パック
レタス…8枚
セロリ…10㎝
生しいたけ…3枚
A 長ねぎのみじん切り…10㎝分
にんにくのみじん切り…小さじ1
しょうがのすりおろし…小さじ1
B しょうゆ…大さじ1
酒…大さじ1
砂糖…小さじ1
オイスターソース…小さじ1
ごま油…小さじ2
サラダ油…大さじ1/2

MEMO

納豆はたれやからしを加えず、パカッとそのままフライパンへ！

作り方

1. セロリとしいたけはあらみじんに切る。レタスは冷蔵庫で冷やす。**B**は混ぜる。
2. フライパンにサラダ油を入れて火にかけ、ひき肉を入れてほぐしながら炒める。肉の色が変わってきたら**A**とセロリ、しいたけを加えて炒める。しんなりとしたら納豆と**B**を加えてさらに炒め、仕上げにごま油を回しかける。
3. 器に盛りレタスを添え、巻いて食べる。

納豆のトマトあえ

**納豆とトマトは同じうまみ成分、グルタミン酸を含んでいるので
合わせればおいしさ倍増。栄養価も高い、最強のごはんのお供に。**

材料 1人分

納豆…1パック
トマト…1/2個
万能ねぎ…2本
砂糖…小さじ1/4

作り方

1 トマトは横半分に切って種を取り除き、2cm角に切る。万能ねぎは小口切りにする。

2 納豆に付属のたれとからし、砂糖を入れて混ぜ、トマトを加えてさっと合わせる。器に盛り、万能ねぎを散らす。

MEMO

関西出身で納豆が苦手だった母から「これはおいしい！」とお墨付きをもらった一品。水っぽくならないよう、トマトの種は必ず取り除くこと。

明太子

高級割烹でからすみやウニを取り入れるイメージで使うのが明太子。うまみも塩けもほどよく加えてくれるから、調味料感覚で常備している。冷凍しておくことも多い。

明太子入りだし巻き卵

**うな重やちらしずし、焼き魚など、しみじみ系和食の日に。
から揚げと合わせた博多風の献立も、家族に大好評だ。**

材料　2人分

明太子…1/2腹（50g）
卵…3個
A　みりん…大さじ2
　薄口しょうゆ…小さじ1
　白だし…小さじ1
サラダ油…小さじ1

きれいに巻けなくても、熱いうちにラップで包んで形をととのえれば大丈夫。

作り方

1　ボウルに卵を割りほぐし、Aと水大さじ2を加えよく混ぜる。明太子は薄皮を取り除いてほぐす。

2　卵焼き器を強火にかけ、サラダ油の1/3量を入れてキッチンペーパーで全体になじませる。卵液の1/3量を流し入れて半熟になったら奥に明太子をのせ、奥から手前に巻く。巻き終わったら奥に移動させ、同様に1回ずつ油をなじませながら、あと2回巻き、全体に火を通す。

明太子としらたき炒め

保存期間
約2日

ごはんによく合う簡単副菜。色合いもきれいでお弁当のおかずに、おつまみにと活躍してくれるので、冷蔵庫にあると心強い。

材料 2人分

明太子…1/2腹(50g)
しらたき…1袋
酒…大さじ3
薄口しょうゆ…大さじ1
太白ごま油…小さじ2

作り方

1 しらたきはざく切りにし、熱湯でさっとゆでて水けをきる。明太子は薄皮の上からしごいてほぐし、酒、薄口しょうゆを混ぜる。

2 フライパンにごま油を入れて強火にかけ、1を水けがなくなるまで炒める。

MEMO

明太子と調味料を先に合わせておくことで、まんべんなく味が入る。汁けがなくなりパチパチという音がしてきたら火を止める。

明太子と豆乳の冷ややっこ

**いつもの冷ややっこじゃもの足りない日に登場するのがこれ。
豆乳もちゃんと飲んで味わいたいので、器にたっぷりと注いで。**

材料 2人分

明太子…1/2腹(50g)
絹ごし豆腐…1丁(300g)
万能ねぎの小口切り…適量
A 豆乳…200ml
　白だし…大さじ1
ごま油…小さじ1

作り方

1. 明太子は薄皮の上からしごいてほぐし、ごま油を混ぜる。豆腐は4等分に切る。
2. ボウルに**A**を混ぜて器に注ぎ、豆腐を入れ、明太子、万能ねぎをのせる。

MEMO

寒い日には小なべで豆乳と豆腐を一緒に温めて作っても。温めて食べる場合、豚肉も加えて豆乳豚しゃぶ風にアレンジしてもおいしい。

チーズ

和食にも洋食にも合う万能食材。
クリームチーズ、モッツァレラ、
パルメザンチーズは絶対常備、
ブルーチーズは味わいに
アクセントがほしいときに。

保存期間
約3日

クリームチーズとかぼちゃのペースト

**クリームチーズの濃厚な味わいがかぼちゃの甘みを引き立てる
手軽なおつまみ。主菜を出すまでのつなぎや、急なお客さまのときにも。**

材料 作りやすい分量

クリームチーズ…200g
かぼちゃ(皮つき)
…約1/4個(正味・200g)
砂糖…小さじ2
塩…小さじ1
あらびき黒こしょう…少々
クラッカー…適量

作り方

1. クリームチーズは室温に戻してやわらかくなるまでねる。かぼちゃは3cm角に切り、湯気の上がった蒸し器でやわらかくなるまで蒸す。
2. ボウルにかぼちゃを入れてマッシャーであらめにつぶし、クリームチーズと砂糖、塩を加えて混ぜる。器に盛ってこしょうを振り、クラッカーを添える。

MEMO

砂糖を少し足して甘さをしっかり出すことで、塩けが引き立ちメリハリのある味わいに。翌日はサンドイッチの具にするのも楽しみのひとつ。

ゴルゴンゾーラの茶碗蒸し

東京・谷中にある和食店「まめたん」で習った変わりだね茶碗蒸し。チーズの濃厚な香りがふわりと広がる、ちょっと贅沢な仕上がりだ。

材料 3人分

卵…2個
ゴルゴンゾーラ
（またはブルーチーズ）
…小さじ1
ミニトマト…6個
だし…300ml
A 薄口しょうゆ
…大さじ1と1/3
みりん…小さじ2

MEMO

蒸し器がない場合、湯を張ったフライパンにふきんを敷き、その上にアルミホイルでふたをした容器を並べて、フライパンのふたをして蒸す。ゴルゴンゾーラがなくてもブルーチーズでおいしく作れる。

作り方

1 器の底に、ゴルゴンゾーラを1/3量ずつ指で塗りつける(a)。

2 ボウルに卵を割りほぐし、だしを加えてよく混ぜたらざるでこす。**A**を加えてよく混ぜ、**1**に1/3量ずつ注ぎ、ミニトマトを2個ずつ入れる。

3 湯気の上がった蒸し器に**2**を入れ、ふきんでくるんだふたをして、弱火で15分ほど蒸す。そっと揺らして、卵液がふるっと揺れるくらいに固まったら、火を止める。

a

ゴルゴンゾーラは蒸すと浮いてくるので、容器の底になでつけるように塗る。

モッツァレラと長ねぎのグラタン

レストランで食べたモッツァレラグラタンを長ねぎ入りでアレンジ。アンチョビーバターの香りとうまみで、長ねぎのおいしさが倍増！

材料 直径約15cmの耐熱皿1皿分

モッツァレラ…1個（約120g）
長ねぎ…1本
塩、こしょう…各少々
バター（食塩不使用）…大さじ3
アンチョビー（ペースト）…大さじ1
オリーブオイル…大さじ1/2

作り方

1 長ねぎは1cm厚さの斜め切りにする。オーブンを200度に予熱する。

2 フライパンにオリーブオイルと長ねぎを入れて火にかけ、あまり動かさずに上下を返しながら焼く。焼き色がついたら塩、こしょうを振って、耐熱皿に並べる。モッツァレラをちぎってバランスよく散らし、オーブンに入れてチーズがとけるまで10分ほど焼く。

3 焼いている間に、小さめのフライパンにバターとアンチョビーを入れて火にかける。バターがとけてフツフツとしたら、焼き上がった**2**に回しかける。

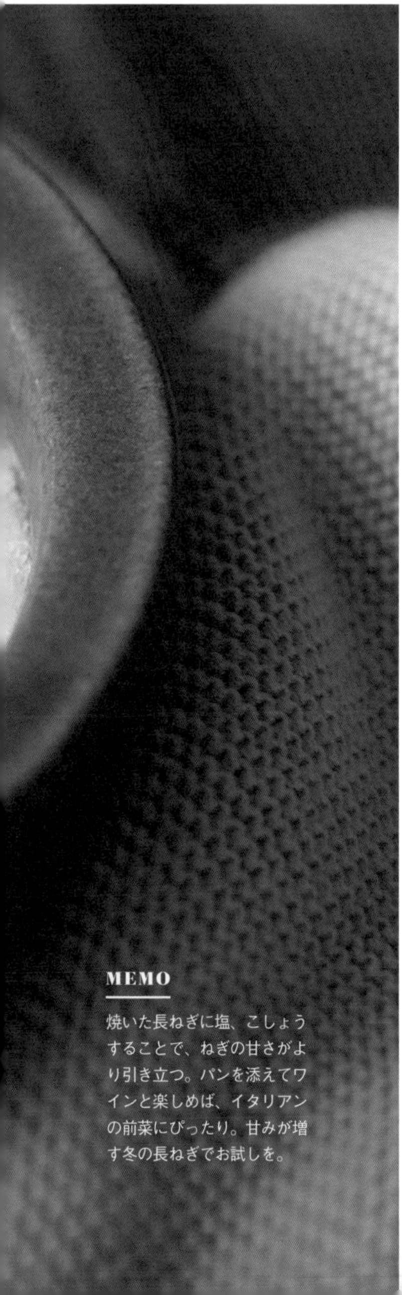

MEMO

焼いた長ねぎに塩、こしょうすることで、ねぎの甘さがより引き立つ。パンを添えてワインと楽しめば、イタリアンの前菜にぴったり。甘みが増す冬の長ねぎでお試しを。

Good side dishes　Part 3

家にあるもので作れる副菜

梅加工品

梅干しに加え、ねり梅やカリカリ梅、赤しそふりかけの「ゆかり」も活用頻度は高め。ソースやあえ衣にちょっと加えれば、いつもの味に新しい表情が生まれる。

カリカリ梅大根

保存期間
約2日

**大根のカリッとした小気味いい食感と、
梅の爽やかさがベストマッチ。
ひと口食べたら止まらない無限梅大根は、
さっぱりめの箸休めがほしいときに。**

材料 2〜3人分

カリカリ梅(刻みタイプ)…大さじ2
大根…400g
赤しそふりかけ…小さじ2〜3
塩…小さじ1/4

MEMO

カリカリ梅はおにぎり用の刻んであるタイプが便利。切っていないタイプを使う場合は、みじん切りに。

作り方

1 大根は4cm長さに切ってから1cm四方の拍子木切りにする。ボウルに入れて塩をまぶし10分ほどおいて、出てきた水けを軽くきる。

2 カリカリ梅と赤しそふりかけを加えて手で全体を混ぜ、よくなじませる。

生麩の梅田楽《でんがく》

**みその甘さと梅の爽やかさのバランスが
おいしさのポイント。
色違いの生麩を使えば華やかで、
おもてなしの前菜にも。**

材料 作りやすい分量

生麩…2個
いり白ごま…少々
A ねり梅…小さじ1と1/2
八丁みそ…大さじ2
砂糖…大さじ2
みりん…大さじ1
酒…大さじ1
しょうゆ…小さじ1

作り方

1 生麩は2cm厚さに切って、フライパンかオーブントースターで両面がこんがりするまで焼く。

2 小なべに**A**を入れて弱火にかけ、ゆっくり混ぜながらぽってりとするまでしっかりねる。

3 皿に**1**を並べてそれぞれに**2**をのせ、白ごまを振る。

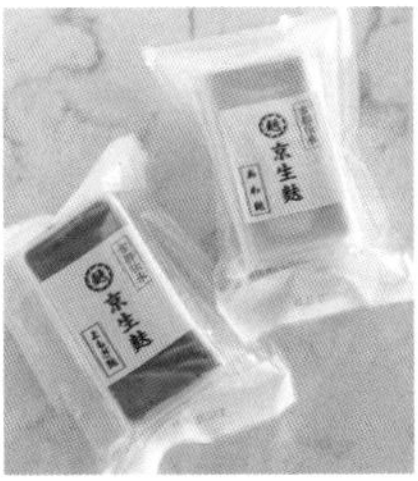

もっちりとした食感が好きで、よく買う食材のひとつ。洋食と合わせるときは、ブルーチーズをのせて。

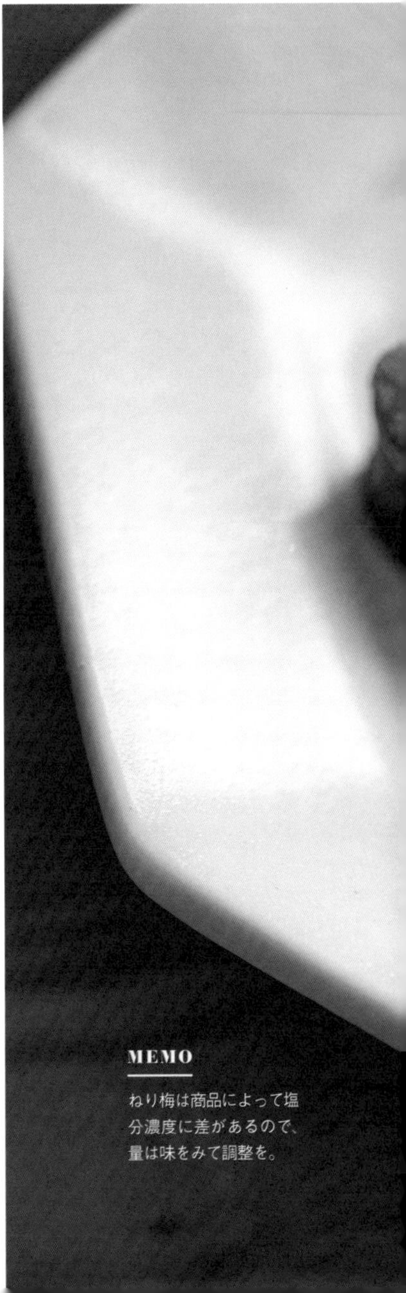

MEMO

ねり梅は商品によって塩分濃度に差があるので、量は味をみて調整を。

塩こぶ

塩こぶをドレッシングがわりに
生野菜とあえるだけで、
和食とよく合うサラダに。
なくてはならない愛用食材。

刻みピーマンの塩こぶがけ

しょうゆをかけず、
塩味だけで食材の味わいと
食感を楽しむひと皿。
生で食べるピーマンの
みずみずしさを実感できます。

材料 2人分

塩こぶ…大さじ1～2
ピーマン…4個
ろく助塩（またはあら塩）…少々
太白ごま油…適量

作り方

1 ピーマンは縦半分に切ってから、斜め細切りにする。

2 器に盛り、塩こぶと塩を振る。ごま油をさっと回しかけて、混ぜながら食べる。

MEMO

ピーマンは斜め細切りにすると、盛りつけたときにきれいに見える。

白菜の塩こぶサラダ

保存期間
約3日

シャキッと甘い旬の白菜をたっぷり食べたいときにはこれ。
翌日以降はしっかりと水けをきれば、浅漬け感覚で食べられる。

材料 3～4人前

白菜…1/4個
A 塩こぶ…大さじ2
　だししょうゆ
　　…大さじ1
　酢…小さじ2
　塩…小さじ1/2
　太白ごま油
　　…大さじ2

作り方

1 白菜は5cm長さに切ってから、繊維にそって1～2cm幅に切る。

2 ボウルに1とAを入れ、ざっくりとあえる。

MEMO

手で細かくちぎった梅干しを塩こぶと一緒に混ぜると爽やかさアップ。しんなりした食感に仕上げたいときは、白菜は繊維を断つ方向に細切りにして。

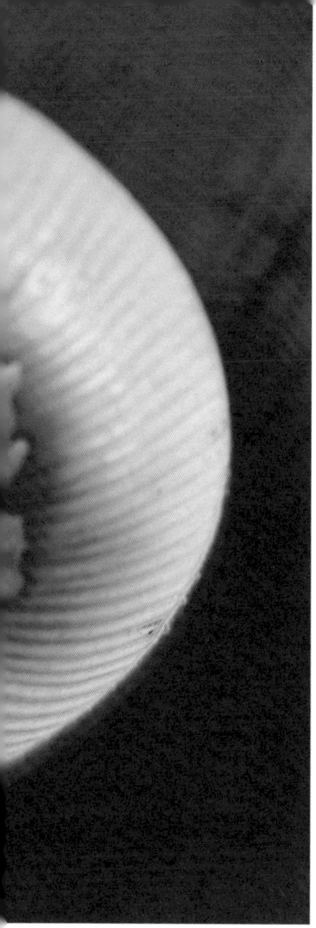

買ってきた惣菜も、家の味にしてしまう。

柿の白あえ

 ＋ 

材料と作り方

柿1個は4㎝長さの短冊切りにして、白あえ1パック分とよくあえる。季節によって、いちじくやシャインマスカットなどでもよく作る。フルーツの量を白あえよりも多めにするイメージにして、ジューシーな仕上がりにするのがコツ。

時間のないときには買ってきたお惣菜も躊躇なく使う。特によく買うのは作るのに意外に手間ひまのかかる白あえやポテトサラダ。といってもそのまま食べることはなく、味のベースとして利用させてもらう。お惣菜を半製品のようなもの

と考えれば応用範囲がぐっと広がる。白あえには柿やいちじく、りんごを組み合わせれば大好きな甘じょっぱ味に。小料理屋さんで出てくる一品のような趣になり、しかもかさ増しにもなる。ポテトサラダにはゆで卵をプラス。粒マスタードのドレッシングなどをかければおつまみにぴったりの一品に。ちょっとしたひと手間を加えるだけで我が家の味にすることが可能なのだ。

ポテトサラダ ゆでたまごのっけ

材料と作り方

器にポテトサラダ1パック分を盛り、ゆで卵3個を半分に切ってのせる。ドレッシングは粒マスタード小さじ2、白ワインビネガー大さじ1、しょうゆ小さじ1、塩・こしょう各少々、オリーブオイル大さじ3を混ぜて適量かける。時間がない日は、市販のしょうゆ味のドレッシングを使うことも。

だしパック

最近はいろんなだしパックが出ているが、我が家は「あご入 兵四郎だし」一択。だしのうまみに加えて、塩けもしっかり入っているのが魅力。あれこれ足さなくても味がパキッと決まるので、結果的に時短にもなる。

ろく助塩

「ろく助塩 白塩」は、絶対に欠かせないお気に入りのひとつ。昆布やしいたけのうまみが凝縮されているので、生野菜やおにぎりにかけるだけで格段に味わいが深まる。塩というより、うまみ調味料に近い感覚で使用。

Stocked Items

副菜作りに活躍する買いおきアイテム

ツナ缶

コールスローやパスタなど、副菜から主菜まで活躍。常備しているのは由比缶詰所の「特撰まぐろ油漬」。鮮度の高い夏びん長まぐろを、昔ながらの製法で作られた上質な綿実油につけているので、オイルまでおいしい。

パルメザンチーズ

パルメザン、モッツァレラ、クリームチーズはいつも冷蔵庫に。なかでも出番の多いパルメザンは世界チーズ商会の「ニュージーランド パルメザンチーズ」を愛用中。とろっとおいしそうにとけるのが気に入っている。

アンチョビーペースト

p.69のじゃがいものアンチョビーあえのように、アンチョビーのフィレを使うレシピでも刻む場合はペーストで代用可能。ペースト状だとドレッシングなどにも気軽に使えるので、いつも冷蔵庫にスタンバイさせている。

ごまだし

ごまだしといえば、大分の漁村女性グループめばるの「佐伯ごまだし」が一番！　マヨネーズと合わせてバーニャカウダのソースにしてもいいし、ゆでたうどんにのせてお湯を注ぐだけで、なんとも味わい深い一品に。

粒マスタード

実はしょうゆとの相性もいい粒マスタード。p.121のポテトサラダ ゆでたまごのっけにかけたドレッシングも、粒マスタードとしょうゆを合わせたもの。バランスよく配合することで、和洋を問わず使える。

調理工程がシンプルな副菜こそ、
食材にはとことんこだわり
自分なりのおいしさを追求したい。
そこで活躍してくれるのが、
ここに紹介したアイテムたちだ。
ちょっとしたものばかりだけど、
あるとなしでは大違い。
どれも我が家の味には
欠かせないから、
きらさずに常備している。

すし酢

砂糖入りなので、ドレッシングなどを作るときに酢と砂糖をそれぞれ加える手間が省ける。すし以外にも使い道が多く、あると便利。p.18のマカロニサラダは、すし酢の甘さが昔ながらの味わいに仕上げるポイントに。

ピーナッツバター

パンに塗るのはもちろん、ねりごま感覚で使えるのでp.77のピーラーにんじんのピーナッツバターあえのように、料理に使うこともしばしば。ピーナッツそのものの味わいを楽しめるHAPPY NUTS DAYのものを愛用。

ザーサイ

冷ややっこのトッピングやサラダのような中華風の簡単副菜なら、スーパーで買う瓶詰めで十分おいしい。ザーサイ入り鶏だんごが主役のなべを作るときなど、料理によっては中華食材コーナーにあるかたまりのものを。

食材別さくいん

INDEX

ariko《ありこ》

『CLASSY』『VERY』ほか、人気ファッション誌を担当するエディター、ライター。インスタグラムに投稿する手料理や食べたものの記録写真が話題で、世の食いしん坊たちから絶大な支持を得ている。フォロワー数は現在17万人超え。著書に『arikoのパン』(主婦の友社)、『arikoの美味しいルーティン』(講談社)、「arikoの食卓」シリーズ(ワニブックス)ほか多数。

Instagram @ariko418

staff

撮　影	キッチンミノル、ariko (p.60-61、88-89)
スタイリング	YUKO (+y design)
料理アシスタント	吉田千穂
アートディレクション	川村哲司(atmosphere ltd.)
デザイン	長谷川圭介、吉田香織(atmosphere ltd.)
取材・文	白石路以
編集担当	澤藤さやか(主婦の友社)

撮影協力
ATON AOYAMA ／エイトン青山
www.aton-tokyo.com

■本書の内容に関するお問い合わせ、また、印刷・製本など製造上の不良がございましたら、主婦の友社(電話03-5280-7537)にご連絡ください。
■主婦の友社が発行する書籍・ムックのご注文は、お近くの書店か主婦の友社コールセンター(電話0120-916-892)まで。
＊お問い合わせ受付時間
月～金(祝日を除く) 9:30 ～ 17:30
主婦の友社ホームページ
https://shufunotomo.co.jp/

ariko《ありこ》の副菜《ふくさい》の鬼《おに》

2021年3月31日　第1刷発行
2021年6月20日　第4刷発行

著　者　ariko《ありこ》
発行者　平野健一
発行所　株式会社主婦の友社
〒141-0021
東京都品川区上大崎3-1-1
目黒セントラルスクエア
電話　03-5280-7537(編集)
03-5280-7551(販売)
印刷所　大日本印刷株式会社

ISBN978-4-07-445995-7